William Smellie

Sammlung anatomischer Tabellen

Mit Erklärungen und einem Auszuge der praktischen Habamenkunst

William Smellie

Sammlung anatomischer Tabellen
Mit Erklärungen und einem Auszuge der praktischen Habamenkunst

ISBN/EAN: 9783743629844

Hergestellt in Europa, USA, Kanada, Australien, Japan

Cover: Foto ©Thomas Meinert / pixelio.de

Weitere Bücher finden Sie auf **www.hansebooks.com**

D. Wilhelm Smellie

Samlung

anatomischer

Tabellen,

mit

Erklärungen,

und einem Auszuge

der

praktischen Hebamenkunst.

Aus dem Englischen übersetzt.

Nebst

Nachricht

und

kurze Prüfungen

der Sigaultschen Operazion.

Von

Dr. C. L. B.

Mit XL. Kupfertafeln.

Augsburg, 1782.

Bei Eberhard Kletts sel. Wittib und Franck.

Vorbericht.

Vermöge einem langen Vortrage und einer vieljährigen Ausübung der Hebammenkunst, hoffe ich, ohne Selbstpralerei sagen zu dürfen, daß ich etwas dazu beigetragen habe, diese Kunst auf eine einfachere und mechanischere Behandlung, als bisher geschehen

hen

hen ist, zurückzubringen. Das Nehmliche
habe ich in meiner Abhandlung der theore-
tischen und praktischen Hebammenkunst und
in der dazu gehörigen Samlung von Fällen
auszuführen gesucht. Und da ich fand, daß
die meisten bisher gelieferten Abbildungen der
Theile, welche wärend der Schwangerschaft
und dem Geburtsgeschäfte interessirt sind, in
vieler Rücksicht mangelhaft waren: so war
ich entschlossen, folgende Tabellen, nebst einem Versuche, welcher einigermassen die
Mängel anderer ersezen solte, und zugleich
einer Erläuterung dessen, was ich über diesen Gegenstand gedacht und geschrieben habe,
herauszugeben. Wie ferne ich diese Absicht erreicht habe: darüber mögen andere richten. —

Es

Vorbericht.

Es sei mir nur hier, durch den Weg des Vorberichtes erlaubt, bemerken zu dürfen, daß der gröste Theil der Figuren nach Subjekten gezeichnet ist, welche in der Absicht zubereitet wurden, alles was zur Belehrung junger Praktiker etwas beitragen kan, darzustellen; jede grose Kleinigkeit, und was nur immer wider den Zweck dieses Entwurfes zu streiten schien, zu verbannen; und daß zulezt meine Aufmerksamkeit mehr auf die Lage der Theile und ihre verhältnismäsige Dimensionen, als auf zu pünktliche anatomische Untersuchung ihres Baues gerichtet war. —

Da vermuhtlich diese Abbildungen, Personen in die Hände gerahten werden, welche

mein

mein vorausgeschicktes Werk nicht gesehen haben; so habe ich diesen zuliebe einen Auszug der Hebammenpraktik beigefüget, der, obgleich von Volkomenheit entfernt, dem ungeachtet etwas dazu beitragen kan, Sachen zu behellen, welche sonst durch eine nakte Darstellung schwerlich begreiflich genug wären.

Die Beziehungen gehen auf den 1. 2. und 3. Band. In Absicht des ersten Bandes beziehe ich mich auf die Ausgabe vom Jahre 1752, welcher einen Versuch der Theorie und Praktik der Hebamenkunst enthält. Der zweite und drite Band enthält die obenangeführte Samlung von Fällen. Meine erste Absicht war,

Vorbericht.

war, die Tabellen auf die Zal von zwei und
zwanzig einzuschränken, welche Hr. Ryms-
dyke bereits vor zwei Jahren vollendet hat.
Allein ich sah bald ein, daß eine weitere Erläuterung und folglich auch eine Zugabe zu
jener Anzahl, nöhtig wäre. Zu elfen derselben hat mir Doktor Camper, ehemaliger
Professor der Arzneiwissenschaft zu Franeker
in Friesland, und nunmehriger Professor
der Anatomie und Botanik zu Amsterdam
hilfliche Hand geleistet; nehmlich zu der 12.
16. 17. 18. 19. 24. 26. 27. 28. 34. und 36.
Kufertafel. Die Uebrigen hat Hr. Ryms-
dyke gezeichnet; die 37. und 39. ausgenommen, welche aus einer andern Hand gekommen sind. Die Zeichnungen sind getreulich
nach-

Vorbericht.

nachgestochen, und dabei nicht so sehr auf Schönheit und Feinheit des Stiches, als auf Ausdruck und Bestimtheit gesehen worden. Ein Hauptaugenmerk war dabei, daß das Werk des algemeinen Nuzens wegen, so wolfeil als möglich gelifert werden möge.

Erklä-

Erklärungen
der Samlung
anatomischer Kupfertafeln,
nebst
einem Auszuge der praktischen
Hebamenkunst.

·~~~~~~~~~~~~~~·

Die erste Kupfertafel
Stelt die Ansicht des vordern Theiles der
Knochen eines gutgebildeten Beckens dar.
Nehmlich:

A. Die fünf vertebrae lumborum
B. Das os sacrum.
C. Das os coccygis.
D. D. Die ossa ilium.
E. E. Die ossa ischium.
F. Die ossa pubis.

A   G. G.

G. G. Die foramina magna, oder oualia.

H. H. Die acetabula.

I. I. I. I. I. I. Der Rand des Beckens, oder derjenige Theil seiner Höle, welcher von den untern Theilen der ossa ilium an den Seiten, und von den obern Theilen der ossa pubis und des os sacrum an den Hinter- und Vordertheilen des Beckens beschriben wird.

In dieser Kupfertafel sind nicht sowol allgemeine Struktur und Gestalt einiger Knochen, als auch Ausmessungen des Beckenrandes und Abstand der untersten Theile beider ossa ischium einer vorzüglichen Aufmerksamkeit würdig. Man ersiehet daraus, daß die Höle von einer Seite des Randes zu der Andern gewöhnlicher Weise weiter ist, als von Hinten nach Vorne zu; und daß hingegen unten diese Seiten das entgegengesezte Verhältnis haben. Aus alledem mus aber der Leser ja nicht den Schluß machen, als wenn jedes Becken dem Andern an Gestalt und Ausmessung gleich wäre. Selbst die Bestgestalteten unterscheiden sich immer noch einigermaßen von einander. — Ueberhaupt genommen, beträgt die Entfernung des einen Randes des Beckens von dem Andern ungefär fünf und einen viertel Zoll, und des Vordertheils von dem Hintertheile, vier und einen viertel Zoll.

Gleich-

Gleichmäsige Entfernung haben die untern Theile der ossa ischium. Indessen ist wol zu merken, daß alle diese Ausmessungen nach einem Skelete angestelt worden sind; denn im lebenden Zustande des Körpers ist die Beckenhöle, der Eingeweide und innern Bedeckungen wegen, um ein Beträchtliches enger. Mit diesem verengerten Becken stimt nun das gewönliche Maas des Kopfes eines ausgetragenen Kindes überein, welches von Ohr zu Ohr drei und einen halben Zoll, und vom Vorderhaupte nach dem Hinterhaupte hin, vier und einen viertel Zoll beträgt. ——

Man sehe die 16. 17. 18. Kupfertafel nach; wie auch des 1. Bandes 1. Kapitel, den 1. 2. und 3. Abschnit, woselbst nicht sowol die Gestalt und die Ausmessung des Beckens, als auch des Kindeskopfes, und die Art, wie derselbe von den Wehen durch jenes hindurchgepresset wird, weitläufig abgehandelt worden ist. Man vergleiche demnächst des 2. Bandes 1. Samlung, 1. und 2. Nr. wo allerlei Fälle von Fehlern des Beckens, welche von schweren Geburten herrührten, angeführet wurden. ——

Die

Die zweite Kupfertafel

Stelt die Innere = und Seitenansicht des
Beckens dar, wenn es der Länge nach in
zwei gleiche Theile abgeschniten worden
ist.

A. Die drei untersten vertebrae lumborum.
B. Das os sacrum.
C. Das os coccygis.
D. Das rechte os ilium.
E. Das rechte os ischium.
F. Das os pubis der nehmlichen Seite.
G. Der spiße processus des os ischium.
H. Das foramen magnum.
I. I. I. Der Rand des Beckens.

Diese Plate zeiget theils die Entfernung des
obern Theiles des os sacrum von dem os pubis,
theils des leßtgedachten Knochens von dem os
coccygis an, welche in beidem Betracht sich un=
gefär auf vier = und einen viertel Zoll beläuft.
Zugleich ist die Höhe der hintern, seiten und vor=
dern Theile des Beckens abgebildet worden, und
zwar nicht nach der Richtschnur des ganzen Kör=
pers, sondern blos nach der des Beckens von sei=
nem Rande aus unterwärts, welcher überhaupt an
dem hintern Theile dreimal höher als an dem vor=

dern

Plate II

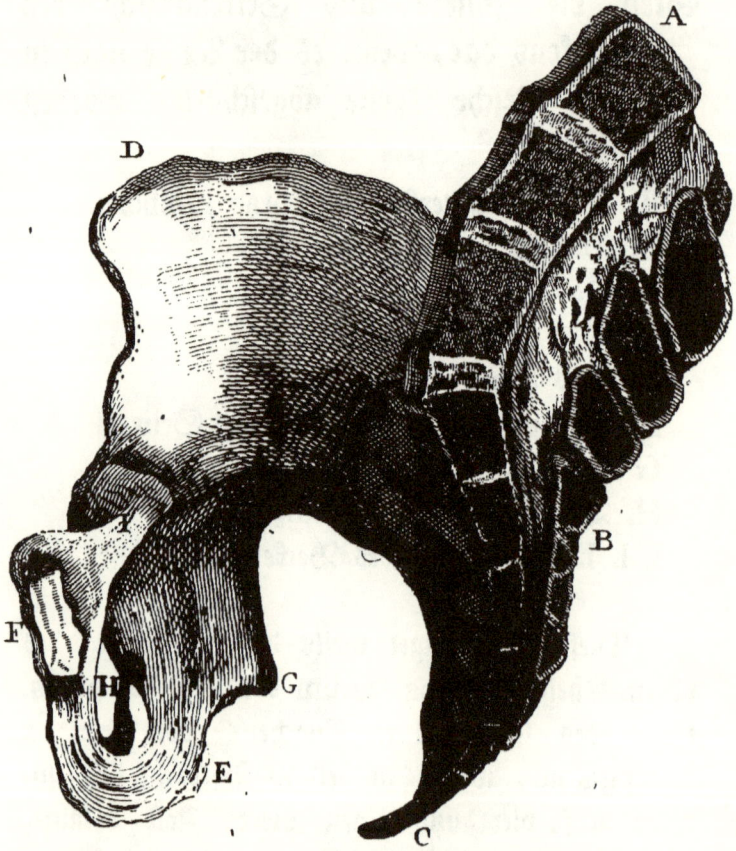

Leizel sc.

dern und zweimal höher an den Seiten, als der
letztere ist.

Aus dieser Vorstellung ersieht man demnach
den Winkel, welcher aus der Vereinung der untersten vertebra lumborum und dem obersten Theile
des os sacrum entstehet; so wie auch die Höle
oder den holen Raum im hintern, innern Theile
des Beckens, welcher von der Krümmung des letzt-
gemeldeten Knochens und vom os coccygis gebil-
det wird. Und endlich ist hier auch der Abstand
des Letztern von den untern Theilen der ossa
ischium ausgedrückt worden.

Sizhe: die 16. 17. 18. und 19. Tafel, so wie
auch den bei Gelegenheit der vorigen Kupfertafel
schon angezeigten 1. und 2. Band.

Die

Die drite Kupfertafel

Weiset auf die vordere Ansicht eines ver=
krümten Beckens.

A. Die fünf vertebrae lumborum.
B. Das os sacrum.
C. Das os coccygis.
D. D. Die ossa ilium.
E. E. Die ossa ischium.
F. Die ossa pubis.
G. G. Die foramina magna.
H. H. Die acetabula.

Aus dieser Plate kan man sich die große Ge=
far vorstellig machen, welche Mutter und Kind
gemeinschaftlich drohet, wenn das Becken auf diese
Weise verschrenkt ist. Denn der Rand des hintern
Theiles stehet vom Rande des vordern Theiles nicht
mehr als zwei und einen halben Zoll ab. Der
ebenmäßige Abstand findet sich auch zwischen den
untern Theilen eines jeden os ischium. Man
vergleiche hiemit die 27. Tafel, woselbst das Be=
cken zwischen besagten Rändern eines viertel Zolles
enger als dieses, dennoch aber unten weit genug
ist. Die Formen verkrümter Becken sind zwar
zimlich verschieden: Die eben angeführte ist indes
die Gewöhnlichste. Es bleibt daher immer ein
großes

Plate III.

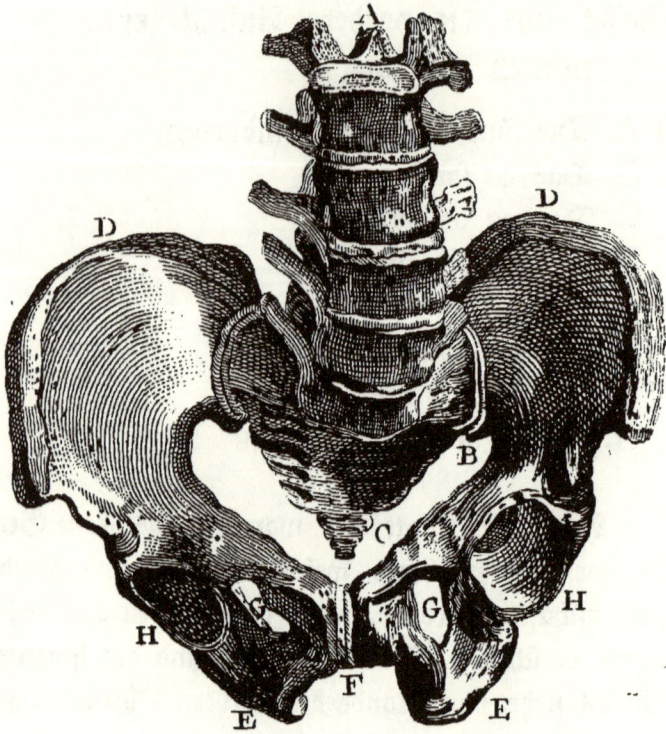

großes Glück für die Praktiker, daß die Becken
nur selten so enge sind: ob es gleich Beispiele gibt,
wo sie es noch mehr gewesen waren. In allen
dergleichen Fällen mus die Gesar in dem Verhältnis steigen oder fallen, in welchem der Grad
der Krümmung des Beckens und die Größe des
Kopfes des Kindes stehet. Siehe des 1. Band.
1. Buch 1. Kap. 4. und 5. Abschnit; und des
2. Band 1. Saml. 3. 4. 5. Nr. So auch die
21. 27. und 29. Saml.

Die

Die vierte Kupfertafel

Stelt die äuserlichen weiblichen Geburtstheile dar.

A. Der untere Theil des Bauches.

B. B. Die voneinander gelegten labia pudendi.

C. Die clitoris und das praeputium.

D. D. Die nymphae.

E. Die fossa magna oder das os externum.

F. Der meatus vrinarius.

G. Das fraenum labiorum.

H. Das perinaeum.

I. Der anus.

K. Derjenige Theil, welcher das Ende des os
coccygis bedecket.

L. L. Diejenigen Theile, welche die untersten
Knoten der ossa ischium bedecken.

Da es für jeden Praktiker der Hebammenkunst
eine Sache von großer Wichtigkeit ist, die Lage der
bei der Geburt leidenden Theile genau zu kennen,
und dieselbe von den ältern Anatomikern noch
nicht bestimt genug, in Hinsicht dieses besondern
Astes der Anatomie, abgebildet worden sind; so
habe ich diese Zeichnung nach einem Subjekte be-
sorget, welches ich in der Absicht aufbewarte, die
Geburtstheile in meinen gewönlichen Vorlesungen

zu

zu erklären. Bei der Betrachtung der Lage dieser
Theile nun, erhellet, daß das os externum nicht
die mitlere Stelle des untern Theiles des Beckens
sondern diejenige am vordern und untern Theile
des os pubis einnimmt; und daß die labia pudendi gleicherweise den vordern Theil dieser Knochen
bedecken.

Fürs andere, mus man bemerken, daß das
fraenum labiorum, welches zunächst an die untern Theile der ossa pubis grenzet, nur ungefär
einen Zoll vom anus entfernet ist; und daß zwischen diesem und dem os coccygis sich ein Abstand
von etwa drey Zollen findet. Daraus folget nun,
daß der anus näher an den erstgedachten Knochen,
als an dem Letztern lige.

Fürs drite, gibt die Vorstellung dieser und
der folgenden Tafel einen Fingerzeig, auf was Art
und Weise man das orificium vteri, ohne Verletzung und Entzündung der Theile, befühlen und
untersuchen mus. Denn man sieht daraus, daß
das os externum vorwärts gegen die ossa pubis,
und das orificium vteri hinterwärts gegen den
Mastdarm und das os coccygis zu gerichtet ist.
Manche Beschwernisse sind durch diesen weisen
Mechanismus der Natur abgewendet worden,

welche

welche hätten entstehen müssen, wenn diese Theile einander gerade entgegen gesetzt, oder in die Mitte des untern Theiles des Beckens gestellet worden wären; namentlich ein Vorfall der vagina und des vterus entweder im unbeschwängerten Zustande, oder in den ersten vier Monaten nach der Empfängnis; so wie auch eine zu frühzeitige Niederkunft in einem der letzten Monaten. —

Zum vierten ergibt sich aus der Betrachtung der Lage dieser Theile, daß, wenn zur Zeit der Wehen das orificium vteri sich hinlänglich eröfnet hat, um dem Kopfe des foetus den Durchgang zu verschaffen, derselbe in den untern Theil der vagina dermassen gepresset wird, daß die äusern Theile, gleich einer starken Geschwulst, aufgetrieben werden, so wie aus der 15. Kupfertafel zu ersehen seyn wird.

Endlich mus bemerket werden, daß wenn es nöthig ist, das orificium externum zu erweitern, die Hauptkraft unterwärts und gegen den Mastdarm zu, angebracht werden soll; damit einer Verletzung oder Entzündung der vrethra oder des Halses der Harnblase vorgebeuget werde. — Siehe 1. Band, 1. Buch, 2. Kap. 1. Absch. 1. Band, 2. Saml.

Die

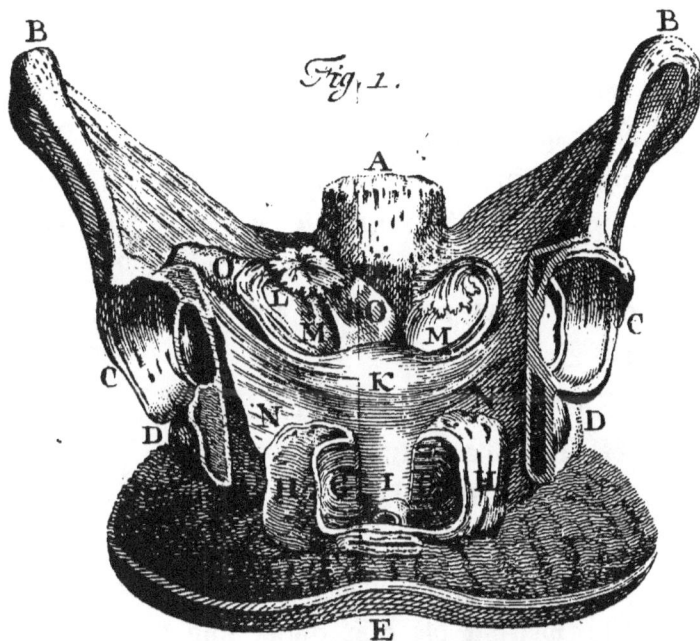

Plate V.

Fig. 1.

Fig. 2.

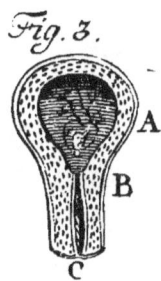

Fig. 3.

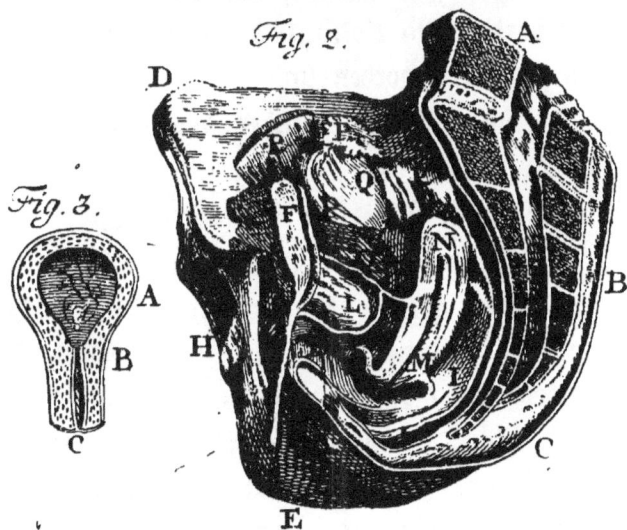

Die fünfte Kupfertafel.

Die erste Figur gibt den vorden Anblick des in
der vagina gerade aufstehenden vterus. Damit die innern Theile vorstellig gemacht werden konnten, wurden die vordern Theile der
ossa ischium, nebst den ossa pubis, die pu-
denda, das perinaeum und der anus auf
die Seite geschaft.

A. Die unterste vertebra der Lenden.

B. B. Die ossa ilium.

C. C. Die acetabula.

D. D. Die untern und hintern Theile der ossa
ischium. Man vergleiche damit die 29. Tafel, woselbst die ossa pubis und die vordern
Theile der ossa ischium durch punktirte Linien
ausgedrücket worden sind.

E. Derjenige Theil, welcher das Ende des os
coccygis bedecket.

F. Der untere Theil des Mastdarmes.

G. G. Die der Länge nach aufgeschnitene und
zu beiden Seiten des collum vteri ausge-
spannte vagina; woraus man siehet, auf
welche Art der vterus in derselben hänget.

H. H. Ein Theil der Harnblase, welche zu beiden Seiten der vagina und des untern Theil-
les des fundus vteri ausgespannt ist.

I. Der

I. Der Hals oder das collum vteri.

K. Der Grund oder der fundus vteri.

L. L. Die tubae Fallopianae und fimbriae.

M. M. Die ouaria.

N. N. Die ligamenta lata und rotunda.

O. Der obere Theil des Maßdarmes.

Die zweite Figur gibt eine Ansicht der innern Theile so wie sie sich in der rechten Seite darstellen, wenn das Becken der Länge nach abgetheilet worden ist.

A. Die unterste vertebra der Lenden.

B. C. Das os sacrum und coccygis, benebst den äusern Decken.

D. Das rechte os ilium.

E. Der untere Theil des rechten os ischium.

F. Das os pubis der nehmlichen Seite.

G. Das foramen magnum.

H. Das acetabulum.

I. I. I. Der untere Theil des Maßdarmes und des anus.

K. Das os externum und die vagina, in welcher das orificium vteri ganz lose liegt.

L. Die Harnblase.

M. N. Das collum und der fundus vteri, nebst ihrer in die Augen fallende Hölung. Zugleich ist auch die Befestigung der vagina

rings

rings um die äusern Lefzen des Muttermundes hier ausgedrücket worden; so wie auch die
Lage des vterus, wenn er von den Gedärmen
und der Harnblase unter und hinterwärts in
den holen und untern Theil des os sacrum
gepresset wird.

O. Die ligamenta lata und rotunda der rechten Seite

P. P. Die fallopische Röhre, und die fimbriae.

Q. Das ouarium der gleichen Seite.

R. R. Der obere Theil des intestinum rectum
und der untere Theil des colon.

Die drite Figur gibt eine Vorderansicht des
vterus in dem ersten Monate der Schwänger-
schaft. Der vordere Theil ist hinweggenommen, und das chorion oder Lederhäutchen
zerschniten, damit man den Embryo durch das
sogenannte Schafhäutchen oder amnios sehen
könne.

A. Der fundus vteri.

B. Das collum vteri, nebst der Ansicht des
runzelichten Kanales, welcher in die Höle des
fundus leitet.

C. Das os vteri.

Man vergleiche hiemit des 1. Band, 1. Buch,
2. Kap. 2. und 3. Absch. 2. Band, 3. Saml.

Die

Die sechste Kupfertafel.

Die erste Figur. Man sieht, nach der nehmlichen Ueberſicht und nach dem gleichen Durchſchnit der Theile, wie in der erſten Figur des vorigen Kupfers, den vterus in dem zweiten und driten Monate der Schwangerſchaft. Der vordere Theil deſſelben iſt auch hier hinweggenommen worden.

E. Der anus.

G. Die vagina mit ihren Runzeln.

H. H. Der hintere und untere Theil der Harnblaſe, welche auf beiden Seiten ausgeſpannet, ihres vordern und obern Theiles aber beraubet iſt.

I. I. Der Mund und Hals der Mutter, welcher bei der Unterſuchung und Befühlung, vermittels des Fingers, durch die vagina aufwärts ſteiget.

K. K. Die Ausdehnung des vterus im zweiten und driten Monate, ſo wie er den Embryo und die auf dem Grunde deſſelben feſtſitzende placenta enthält.

Aus dieſem und dem vorigen Kupfer erhellet, daß in Rückſicht der Schwangerſchaft, mit Hilfe des Befühlens durch die vagina, um dieſe Zeit,

nichts

Plate VI.

Fig. 1.

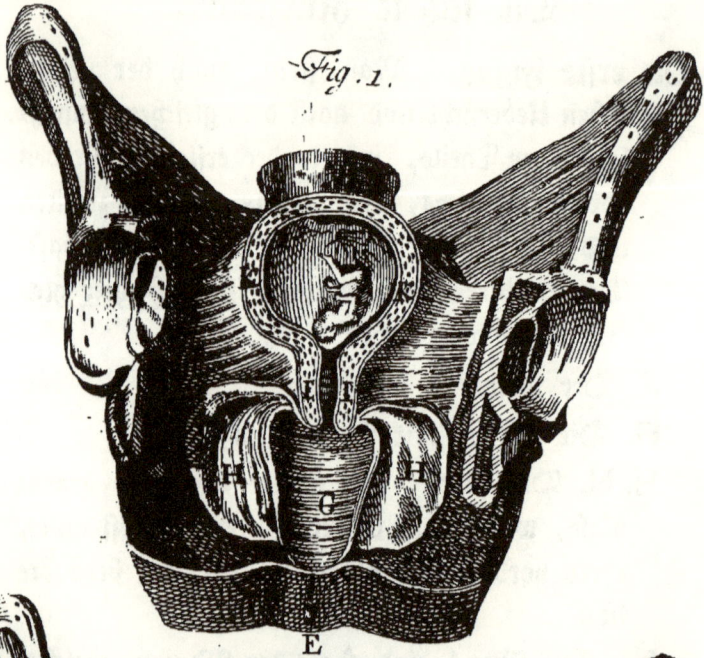

Fig. 2.

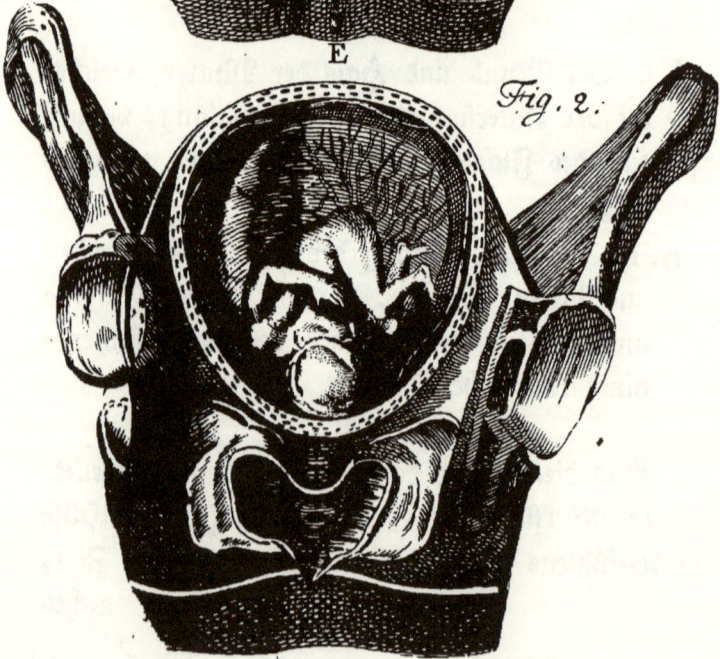

Leizel sc.

nichts Gewiſſes beſtimmt werden kan. Denn der
Widerſtand des vterus iſt ſo unbeträchtlich, daß
ſich ſein Aufwärtsſteigen bei dem Drucke des Fin=
gers nicht hindern läßt. Selbſt dann, wenn er
herunterſteiget, verſagt die Länge des Mutterhalſes,
daß die Ausdehnung des vterus merkbar wird.
Wenn ſich gleicherweiſe derſelbe noch nicht über
dem Becken ausgedehnet hat: ſo wird die Verän=
derung in Abſicht der Figur des Bauches geringe
ſeyn, und zwar auch nur, weil die Gedärme etwas
höher hinauf ſteigen. Daher vermuhtlich die alte
Bemerkung, daß der Unterleib um dieſe Zeit etwas
flacher als gewönlich ſei, weil die Gedärme mehr
nach der Seiten hin gedrücket würden. Die Wei=
ber misgebären in dieſer Periode zum öftern, als
in jeder andern. Es iſt wirklich ein großes Glück
für die Praktik, daß, ob ſie gleich vielmals von
mächtigen Beſchwerden ſehr geſchwächt werden, doch
ſelten unter denſelben erligen; ſondern gegentheils
früher oder ſpäter durch die Geburt ſelbſt, wieder
zu Kräften gelangen, vermöge welcher der Hals
und Mund des vterus almählig ausgedehnet wird,
wenn nehmlich die Häute mit den Waſſern hinunter=
wärts drücken; ſondert ſich hernach noch die pla=
centa von der innern Oberfläche des vterus los,
ſo wird er nun vollends ſeiner Bürden entladen.
Sind die Häute geſprungen, die Waſſer abgelau=
fen,

fen, der foetus ausgetriben, und läst das Aus=
fließen aus dem vterus nach: so wird die placenta
früher oder später fortgeschaft, je nachdem sich die=
selbe rühiger verhält und der vterus sich mehr oder
weniger zusammenziehet. Was nun endlich die
Struktur der Theile betrift, welche in dieser und
der vorigen Tafel abgebildet worden sind: so läßt
sich daraus abnehmen, daß zu Hemmung des Ver=
blutens und zur Schonung der Gebärenden, es
am rahtsamsten sei, mit Geduld abzuwarten, was
die Kräfte der Natur vermögen, stat mit Gewalt
sich zu bemühen, das os vteri zu erweitern, und
die Entbindung entweder mit der Hand oder mit
den Instrumenten beschleunigen zu wollen, welches
nur diese Theile der Gefar einer Verletzung und
Entzündung aussetzen könte.

Siehe C. in der 37. Tafel; so wie auch des
2. Band, 12. Saml. 2. Nr.

Die andere Figur, stelt den vterus in dem vier=
ten und fünften Monate der Schwangerschaft
vor. Die Theile desselben sind auf gleiche
Weise abgebildet und getrennet worden, wie in
der vorigen Figur, mit der Ausnahme, daß in
dieser der Vordertheil des Mutterhalses nicht
weggeschniten worden ist.

In

In der natürlichen Lage sind die Mutterlefzen und der Muttermund von der Scheide bedeckt, und alle diese Theile haben eine genaue Verbindung unter sich. Die Scheide G. ist hier indes ein wenig von den Mutterlibben und von dem Mutterhalse entfernet worden, um sie deutlicher zeigen zu können. I. ist der Mutterhals, welcher in dieser Figur ein dickeres, kürzeres und weicheres Ansehen hat, als in der vorhergehenden. K. ist der untere Theil des Muttergrundes. Seine Ausdehnung kan bisweilen in der Scheide gefühlet werden, wenn man einen Finger an die vordere oder Seitenwand derselben hinaufschiebet.

Die Gebärmutter ist izt so stark ausgedehnet, daß sie den ganzen obern Theil des Beckens anfüllet, und so sehr zuzunehmen begint, daß sie sich auf den Rand desselben stüzet, und von ihm gleichsam unterstüzet wird. Der Muttergrund steiget nun auch zu gleicher Zeit beträchtlich über die Schambeine herüber. Der Unterleib wird immer mehr und mehr ausgedehnet, und somit fühlt sich auch die Schwangere immer dicker werden. Der Gegendruck der Eingeweide und der Bauchmuskeln presset nun aber die Gebärmutter wieder unterwärts, so daß sich ihre Oefnung izt nicht mehr, wie vorhin beim Befühlen aufwärts begeben kan. Wenn die Weiber ma-

B   ger

ger sind: so läst sich die Ausdehnung der Gebärmutter
bisweilen eben so gut in der Scheide, als über der
Schamgegend um diese Zeit warnehmen. Allein
aus dem Widerstande oder dem Befühlen des
Muttermundes oder der Mutterlefzen kan noch
nichts mit Gewisheit entdeckt werden, weil sich
diese Theile in den ersten Monaten der Schwanger=
schaft gerade so wie vor derselben verhalten.

Zulezt komt hier auch die Grösse und der
Umfang des Kindes, nebst der Nachgeburt, welche
am hintern Theile der Gebärmutter festsizet, in Be=
tracht.

Man sehe die in vorhergehender Tafel ange=
führten Beziehungen auf den 1. und 2. Band.

Die

Plate VII.

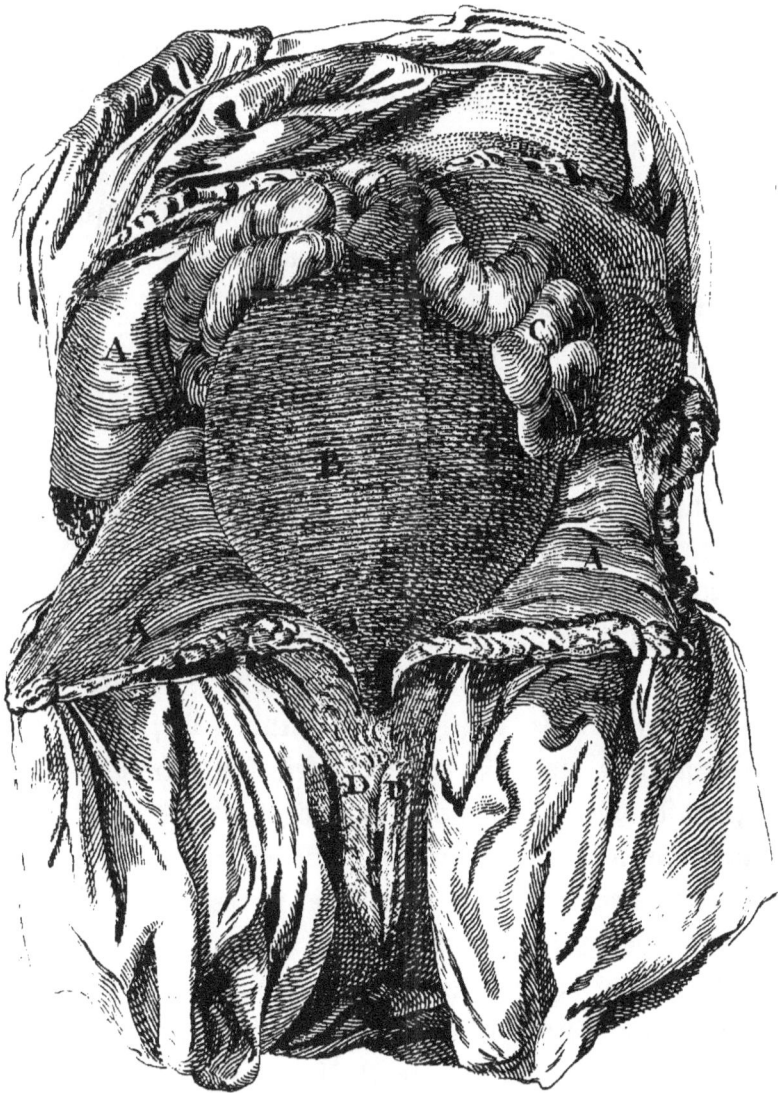

Die ſibente Kupfertafel.

Iſt die Abbildung des eröfneten Unterleibes einer Frau, welche in den ſechſten oder ſibenten Monat der Schwangerſchaft gieng.

A. A. A. A. Die aufgeſchnitenen und zurückgelegten Bauchdecken, damit man ſehe:

B. Die Gebärmutter.

C. C. C. Die aufwärts geſtigenen Gedärme.

D. Die gröſſern Schamlefzen, welche zuweilen in der Schwangerſchaft mit einer ödematoſen Geſchwulſt befallen werden, welche daherrühret, wenn die Gebärmutter auf die zurücklaufende Adern und Waſſergefäſe drücket. Wenn die groſſen Lefzen dermaſſen aufgeſchwollen ſind, daß ſie das Gehen der Schwangern hindern: ſo mus dieſer Beſchwernis durch Punktirung der leidenden Theile abgeholfen werden. Auf dieſe Weiſe wird die wäſſerige Flüſſigkeit fürizt hinweggeſchaft: allein ſie ſamelt ſich gewönlich wieder an; und die nehmliche Operazion mus vileicht vor der Entbindung mermalen wiederholet werden. Nach dieſer aber verſchwindet die Geſchwulſt ganz und gar. Bei dieſer Gelegenheit iſt anzumerken, daß dieſe Beſchwernis ſelten oder niemals die Geburt ſelbſt erſchweren kan, denn die Lefzen ligen an dem

vordern

vordern Theile der Schambeine; und daß sie selten
eine übermäßige Ausdehnung des Lefzenbandes,
des Mitelfleisches und der Scheide erregen wird.
Aus dieser Figur erhellet zugleich, daß die
Ausdehnung der Gebärmutter um diese Zeit in
magern Personen durch die Bauchdecken ohne viele
Mühe gefühlet werden kan, vorzüglich dann, wenn
die Gedärme nicht vor derselben ligen. Es ist aus-
gemacht und richtig, daß so wie sich die Gebärmutter
mehr ausspannet, sie auch mehr in die Höhe steiget;
und demnächst steigen auch gleichmässig die Gedärme
höher hinauf, und werden nach beiden Seiten hingedrücket. Folglich, je näher die Schwangere ihrer vol-
len Zeit entgegen siehet, desto leichter fühlet man
die ausgedehnte Gebärmutter.

Siehe: 1.Band. 1. Buch, 3. Kap. 3.Abschn.
3.Buch, 1. Kap. 2.Abschn. und 2.Band. 12.und
13. Saml.

Die

Plate VIII.

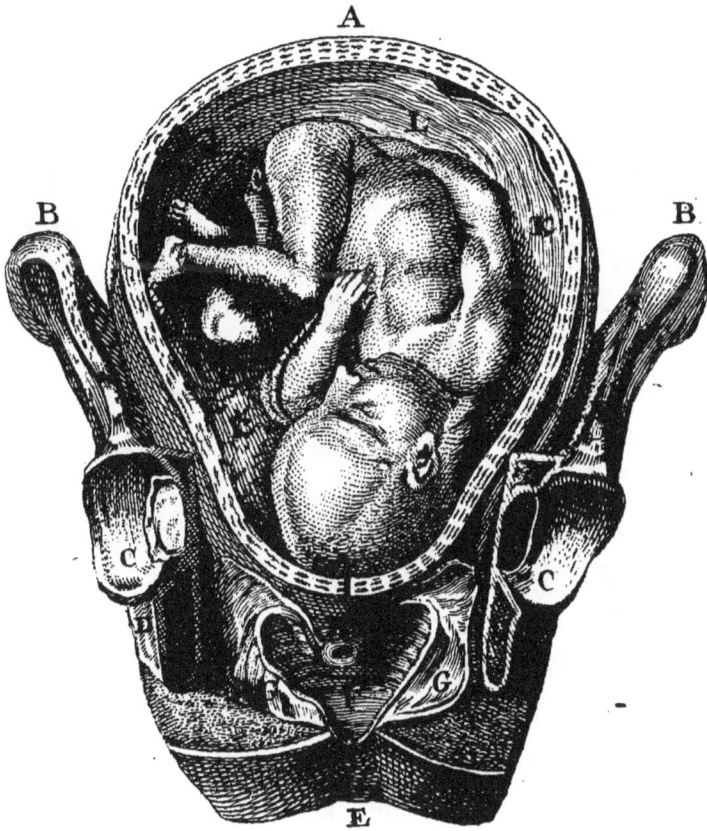

Leizel sc.

Die achte Kupfertafel.

Die Vorstellung der Gebärmutter, die Lage der
Eingeweide und der inern Theile des Unter=
leibes nach der vorigen Figur, so wie sie
im sechsten oder sibenten Monate der
Schwangerschaft erscheinen; nach der glei=
chen Ansicht und der gleichen Absonderung
der Theile der sechsten Tafel.

A. Die bis an die Gegend des Nabels ausge=
dehnte Gebärmutter.

B. B. Der obere Theil der Darmbeine.

C. C. Die grosse Schenkelgelenkhöle.

D. D. Die noch übrigen hintern Theile der Siz
oder Hüftbeine.

E. Die Mastdarmöfnung.

F. Die Scheide.

G. G. Die Harnblase.

H. Der Mutterhals, welcher hier kürzer als in
der sechsten Tafel ist, und, vermöge der Ausdeh=
nung der Gebärmutter über den Rand des
Beckens, höher oben stehet.

I. Die Blutgefäse der Gebärmutter, welche izt weiter
als in ihrem unbeschwängerten Zustande sind.

K. K. Der Mutterkuchen oder die Nachgeburt, wel=
che an der untern und hintern Seite der Gebär=
mutter festsizet.

B 3   L. L.

L. L. Die Häute, welche das Kind umgeben, dessen Kopf hier, so wie in der sechsten Tafel, unterwärts nach dem niedrigsten Theile der Gebärmutter gesenket ist. Ich bin geneigt diese Lage des Kindes, wenn es sich ruhig verhält, und mit einer grossen Menge Wassers umgeben ist, für die gewönliche zu halten; um so mehr, da der Kopf desselben schwerer als jeder andere Theil ist. In Rücksicht der Lage des Körpers des Kindes, sind hier die Vordertheile desselben, ob sie gleich oft gegen die Seiten und hintern Theile der Gebärmutter gewendet sind, so wie in der vorausgeschickten Tafel, vorwärts oder nach dem vordern Theile derselben gedrehet, abgebildet worden, damit sie deutlicher und fasslicher in die Augen fallen mögen.

Siehe: des 1. Band. 1. Buch 3. Kap. 3. 4. Abschn. 2. Band. 13. Saml. 1. Nr.

Aus dieser Tafel kan man sich die Schwierigkeit, den Muttermund auszudehnen, vorstellig machen, wenn Blutstürzungen gerade um diese Zeit erfolgen, da der Mutterhals noch lange und dick ist, besonders bei der ersten Geburt. In diesem Falle mus freilich eben das befolget werden, was in der Erklärung der sechsten Tafel angegeben wurde,

be, bis die Wehen anrücken und den Muttermund erweitern. Wenn die Blutstürzung nun aber mächtig ist: so müssen die Häute zerrissen werden, damit sich die Gebärmutter zusammenziehe, und die Verblutung nachlasse. Die Geburt kan gleicherweise, im Nohtfalle durch Erweiterung des Muttermundes zur Zeit der Wehen befördert; und diese Leztere wieder, so oft es erforderlich ist, und die Schwangere in Gefar schwebt, durch gleiche Mitel erreget werden. Ist diese Gefar dringend, und die Nohtleidende dem Tode nahe: so ist die Gebärmutter, wie aus der vorligenden Kupfertafel erhellet, um diese Zeit hinlänglich ausgedehnet, um die Hand des Geburtshelfers zu fassen, daß sie das Kind heraus hole, wenn anders der Muttermund ohne Nachtheil erweitert werden kan.

Zulezt ist zu bemerken, daß Schwangere um diese Zeit und nachwärts in grösserer Gefar sich befinden, als in den vorhergehenden Monaten.

Siehe 1. Band. 3. Buch, 4. Kap. 3. Abschn. 1. 2. 3. Nr. 3. Band. 33. Saml. 2. Nr. Man vergleiche damit die Aufschneidung einer Schwangern, welche der Arzt zu London, Dokt. Donald Monro vorgenommen, und im 17. Art. der Edinburghschen physical and literary observations beschriben hat.

B 4 Die

Die neunte Kupfertafel

Gibt die Darstellung der Gebärmutter im ach=
ten oder neunten Monate der Schwanger=
schaft, nach einer gleichen Ansicht und
Durchschneidung der Theile, wie in der
vorigen Tafel.

A. Die Gebärmutter nach ihrer fast vollendeten
Ausdehnbarkeit, nebst den Wassern und dem
Kinde, welches in die Nabelschnur verwickelt ist,
und mit dem Kopfe auf dem obern Theile des
Beckens ligt.

B. B. Der obere Theil der Darmbeine.

C. C. Die grosse Schenkelgelenkhölen.

D. D. Die noch übrigen hintern Stücke der Hüft=
beine.

E. Das Schwanzbein.

F. Der unterste Theil des Mastdarmes.

G. G. G. Die nach beiden Seiten ausgespante
Scheide.

H. Der Muttermund, dessen Lefzen hier weiter
und weicher als nach der vorhergehenden Tafel
sind; die Ausdehnung des Mutterhalses hat
gleicherweise einen so hohen Grad erreicht, daß
er ganz und gar verschwunden ist.

I. I.

Plate IX.

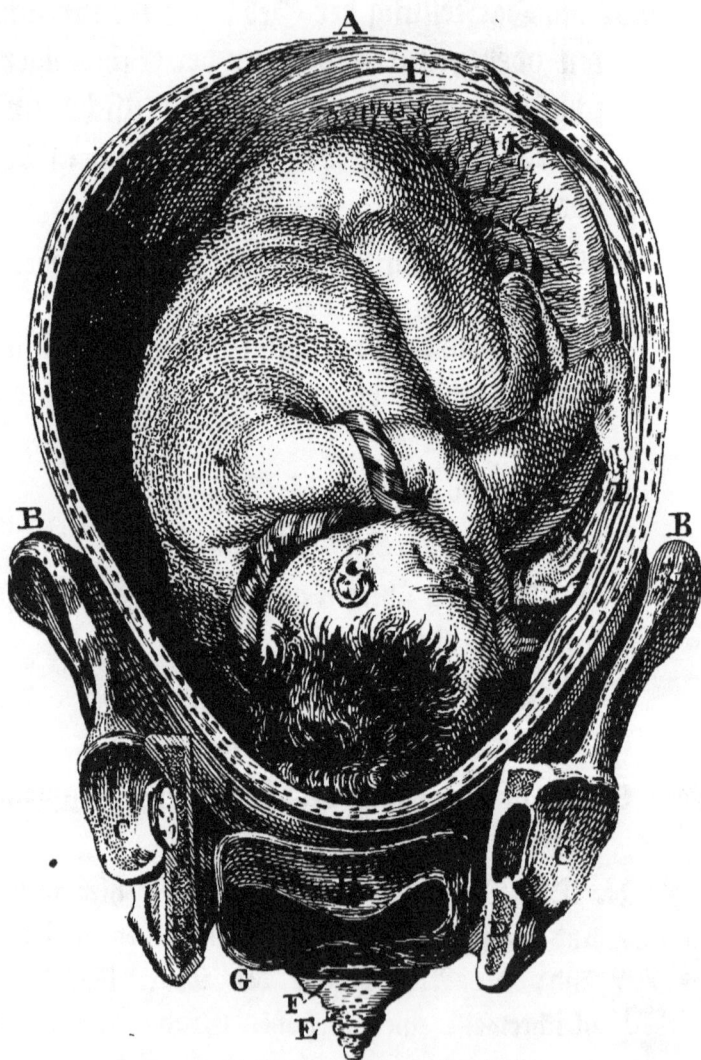

I. I. Ein Theil der Harnblase.

K. K. Die Nachgeburt an dem obern und hintern Theile der Gebärmutter.

L. L. Die Häute.

M. Die Nabelschnur.

Diese und die vorige Kupfertafel zeigt, auf wel=
chen Grad die Gebärmutter sich ausdehnen lasse, und
wie ihr Hals in den verschiedenen Zeiträumen der
Schwangerschaft kürzer werde; so wie auch die
Grösse des Kindes zu mehrerer Beleuchtung des
1. Band. 1. Buch, 3. Kap. 4. 5. Abschn. desglei=
chen 3. Buch, 1. Kap. 1. 2. Abschn. und 2. Band.
13. Saml. 1. Nr.

Ob man gleich von den frühesten Zeiten der
Hebammenkunst an, bis auf die Gegenwärtigen, es
uns als eine unveränderliche Warheit gegeben hat,
daß, wenn der Kopf des Kindes vorligt, sich das
Gesicht desselben nach dem hintern Theile des Be=
ckens wende: so machten mich doch die Beobach=
tungen des Herrn Oulds, so wie auch einige kürzli=
che Eröfnungen der schwangern Gebärmutter, und was
ich in der Praktik selbst beobachtet habe, geneigt, zu
glauben, daß der Kopf gröstentheils so vorligt, wie
er hier abgebildet worden ist, nehmlich, daß das eine
Ohr an den Scham oder Schosbeinen, und das andere

an

an dem Heiligenbeine anliget. Inzwischen kans
doch auch bisweilen hierin Abweichungen geben;
wenn der Grund davon in der Gestalt des
Kopfes oder gar in der Gestaltung des Beckens
selbst zu suchen ist. Man vergleiche hiemit Dokt.
Hunters vortrefliche Kupfertafeln von der schwangern Gebärmutter.

Die

Plate ·X

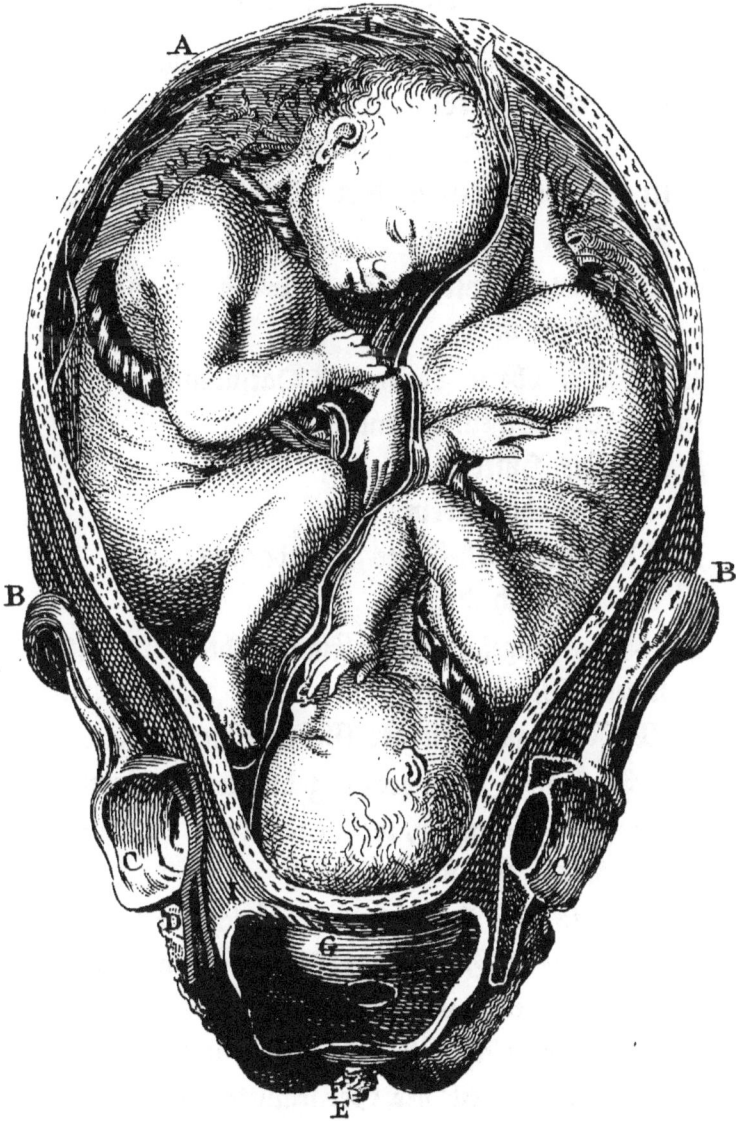

Leizel sc

Die zehnte Kupfertafel

Gibt die vordere Ansicht eines Zwillingpaares in der Gebärmutter, bei eintretenden Geburtsschmerzen. Die vordern Theile sind, wie in den vorherstehenden Tafeln hinweggenommen worden.

A. Die ausgedehnte Gebärmutter mit den Häuten und Wassern.

B. B. Die obern Theile der Darmbeine.

C. C. Die Schenkelgelenkhölen.

D. D. Die Hüftbeine.

E. Das Schwanzbein.

F. Der untere Theil des Mastdarmes.

G. G. Die Scheide.

H. Der, ungefär eines Fingers breit eröfnete innere Muttermund, nebst den Häuten und Wassern, zur Zeit der Geburtsschmerzen.

I. I. Der untere Theil der ausgedehnten Gebärmutter mit den Wassern, welche unter dem vorstehenden Kopfe des Kindes sind.

K. K. Die zwei Nachgeburten, welche an der hintern Seite der Gebärmutter festsizen; und die zwei Kinder, welche vor derselben ligen. Der eine in der natürlichen Lage mit seinem Kopfe auf dem untern Theile der Gebärmutter; der andere in einer widernatürlichen, mit dem Kopfe nach

dem

dem Grunde derselben hingerichtet; beider Körper
sind hier mit ihrer eigenen Nabelschnur um-
schlungen. Ein Fall, der nicht selten sowol in
einer natürlichen als widernatürlichen Lage vor-
kömt.

L. L. L. Die, beiden Mutterkuchen eigenthümlichen Häute.

Diese Vorstellung von Zwillingen, solte der
Ordnung gemäs, die ich in meiner Abhandlung
von der Hebammenkunst angenommen habe, eigent-
lich erst unter die lezten Tafeln gestelt worden seyn.
Da dies aber nichts zu bedeuten hat: so habe ich
sie in der Absicht hieher gestelt, um zu zeigen, wie
der Muttermund dünner, etwas eröfneter, und von den
Häuten und Wassern ausgedehnter worden ist, als
in der vorigen Figur. Diese Leztern sind von den
Kopf des einen Kindes zur Zeit der Wehen heruntergepresset worden. Was die Lage der Zwillinge
betrift: so ist sie zum öftern verschiden, je nachdem die Fälle selbst verschiden sind. So wie sie hier
abgezeichnet ist, fand sie Dokt. Mackenzie bei einer
kürzlichen Oefnung einer schwangern Gebärmutter.

S. 1. Band. 3. Buch 1. Kap. 4. Abschn. und
5. Kap. 1. Abschn. auch 2. Band. 14. Saml.
3. Band. 37. Saml.

Die

Plate XI

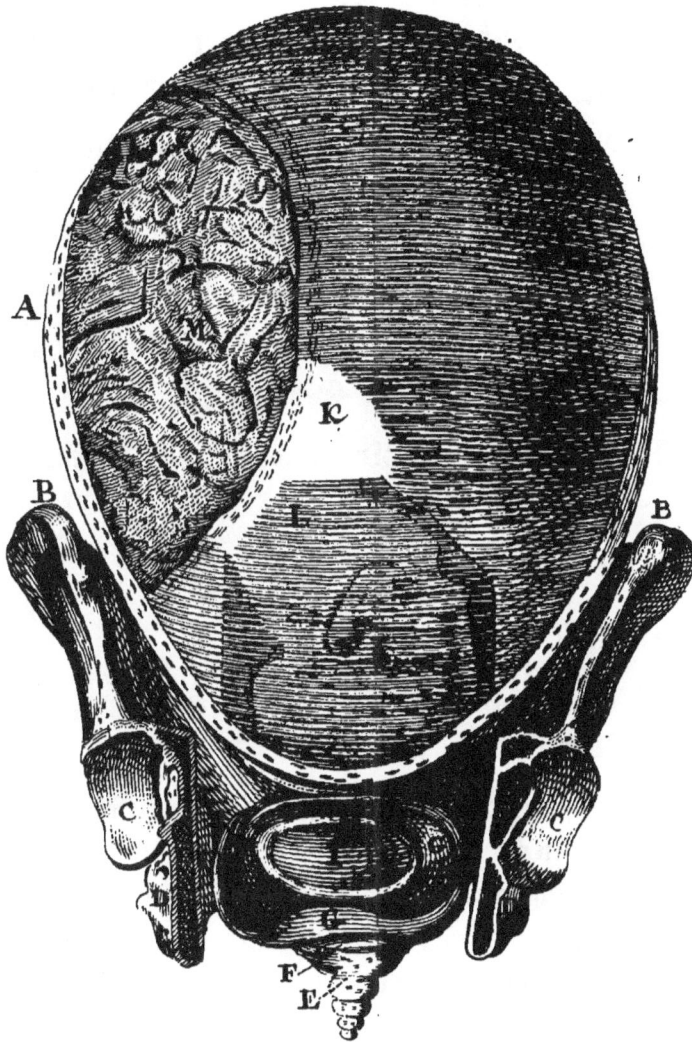

Leizel sc

Die elfte Kupfertafel

Weiset eine andere vordere Ansicht der schwangern Gebärmutter in der eintretenden Geburt auf. Die vordern Theile sind, wie gewönlich, hinweggenommen. In dieser
Tafel bilden die Häute, welche noch nicht
zerrissen sind, einen weiten Sack, welcher
der Behälter der Wasser und des Kindes
ist.

A. Die Substanz der Gebärmutter.

B. B. C. C. D. D. Die Knochen des Beckens.

E. Das Schwanzbein.

F. Der untere Theil des Mastdarmes.

G. G. G. G. Die Scheide.

H. H. Der zur Zeit einer Wehe weit ausgedehnte
Muttermund, so auch

I. Die Häute und Wasser. Unter diesen Umständen ist es meistentheils gewis, daß die Geburtsschmerzen schon ihren Anfang genommen
haben: da doch aus dem Grade der Erweiterung, die in der vorigen Tafel vorgestellt wurde, sich wenig bestimmen läst, woferne nicht
die Wehen regelmässig und stark sind; denn
man

man hat den Muttermund zum öftern einige Tage
und selbst Wochen lang vor dem Anfange der
Geburtsschmerzen eröfnet gefunden.

K. Das chorion oder Lederhäutchen.

L. Das nehmliche, am untern Theile der Gebär-
mutter aufgeschniten, damit man den Kopf des
Kindes durch das amnios oder Schafhäutchen
sehen möge. Diese Vorstellung ist aus einer der
Tafeln des Dokt. Albinus von der schwangern
Gebärmutter genommen. *

M. Die Nachgeburt. Die äusere erhobene Ueber-
fläche derselben, welche in viele Flügel abgetheilet ist, wird hier abgebildet. Die hole
innere Theile sind vom Lederhäutchen bedeckt.

Man hat die Nachgeburt schon an allen verschidenen Theilen der inern Fläche des Gebärmutter
angeklebt gefunden, ja selbst bisweilen an der inern
Seite des Muttermundes. Diese leztere Art von Ankle-
bung derselben verursachet, sobald als sich jener zu
erweitern anfängt, Verblutungen.

Die

---

* Nehmlich aus der Tab. II. der schwangern Gebärmutter einer
Frau, welche wärend der Geburt starb. S. Bern. Siegf.
Albini tabulae sceleti & musculorum corporis humani.
Lugd. Bat. 1747. reg. fol.

Die 6. 8. 9. 10. Tafeln zeigen die inere Fläche der Nachgeburt gegen das Kind zu, nebst den Blutgefäsen, welche ihre Substanz ausmachen, und aus der Nabelschnur kommen. Diese sizt in verschiedenen Nachgeburten, auf verschiedenen Stellen sowol, als in der Mite derselben fest.

Die dreisigste und drei und dreisigste Tafel zeiget den Eingang der Nabelschnur in den Leib des Kindes an.

Was die Lösung der Nachgeburt anbelangt, so zieht sich die Gebärmutter, sobald die Häute zersprungen und die Wasser ausgeflossen sind, zusammen, bis sie mit dem Körper des Kindes in Berührung komt. Sobald auch dieses entbunden worden ist, so wird die Gebärmutter dicker, zieht sich enge um die Nachgeburt, und um die Häute zusammen, wodurch es dann geschiht, daß sie sich almälich absondern und in die Scheide gedrücket werden. Ein Beweis, daß wir auch hierin auf dem Wege wandeln sollen, den uns die Natur anzeiget; nehmlich alles mit Gedult zu erwarten, und auf eine sanfte Weise der Ablösung nachzuhelfen. Und diese Methode ist die allersicherste und vorzüglich dann empfelungswehrt, wenn die Gebärende schwach ist; denn die natürliche Entbürdung der Nachgeburt ist weder so plözlich, noch so heftig,

als

als wenn sie nach der gewohnten Weise eilfertig herunter gerissen wird. Allein man mus auch nicht in den entgegengesezten Fehler verfallen; sondern alemal der Natur zu Hilfe kommen, wenn sie für sich zu unvermögend ist, jene auszutreiben.

Siehe: 1. Band. 3. Buch) 1. Kap. 4. Abschn. 2. Kap. 2. 5. Abschn. 2. Band. 14. 23. Saml.

Die

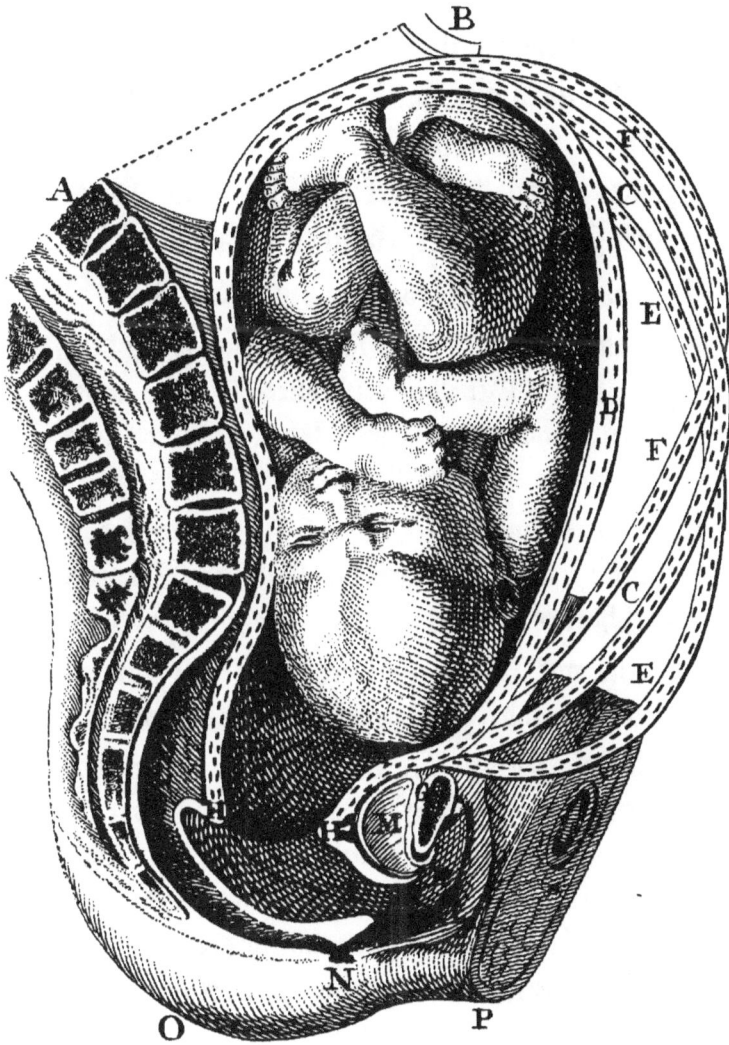

Plate XII.

Leizel sc.

Die zwölfte Kupfertafel

Stelt die Seitenansicht einer schwangern Gebär=
mutter nach einer der Länge nach vorgenom=
menen Trennung der Theile dar, und
zwar wenn die Geburtsschmerzen schon
eine Zeitlang fortgedauert haben.

A. Das unterste Wirbelbein des Rückens.

B. Das Herzgrübchen; seine Entfernung von dem
gemeldeten Wirbelbeine ist durch Punkte ange=
deutet, und begreift einen Theil der unter dem
Zwerchfelle ligenden Gegend in sich.

C. C. Die gewönliche Dicke und Gestalt der Gebär=
mutter, wenn sie gegen das Ende der Schwan=
gerschaft von den Wassern ausgedehnet worden ist.

D. Die nach Auslerung der Wasser zusammen=
gezogene und dicker gewordene Gebärmutter.

E. E. Die Gestalt der vorwärts hängenden Ge=
bärmutter. In diesem Falle lauft der Kopf des
Kindes, wenn die Häute bei einer aufrechten
Stellung des Körpers gesprungen sind, Ge=
far, überzuglitschen und auf die Schambeine
zu gerahten, daher dann die Schultern sich
in das Becken fortschieben.

F. F. Die Figur der Gebärmutter, wenn sie sich
mehr als gewönlich, in die Höhe ausdehnet, wo=

C   durch

durch Erbrechen und beschwerliches Ahtemho-
len veranlasset wird. Man vergleiche über diesen Umstand Hr. Levret: sur le mechanisme
de differentes grossesses.

G. Das Schambein der linken Seite.

H. H. Der innere Muttermund.

I. Die Scheide.

K. Die linke kleinere, innere Schamlefze.

L. Die grössere äusere Schamlefze der nehmlichen
   Seite.

M. Ein übriggebliebenes Stück der Blase.

N. Der Ausgang des Maſtdarmes.

O. P. Die linke Hüfte und der linke Schenkel.

In dieser Periode der Geburtsschmerzen wird
die Gebärmutter von den unterwärts drückenden Häuten, welche selbst die Scheide erweitern, imer mehr
und mehr ausgedehnet; zu gleicher Zeit wird eine
grosse Menge Wassers unterwärts gepresset, welches
sobald die Häute brechen, hervorspringt. Die Gebärmutter zieht sich daher näher um den Körper des Kindes zusammen. Dieses ist hier in seiner natürlichen Lage, mit dem Scheitel auf dem obern Theile der Schambeine ruhend, und mit dem Gesichte nach dem rechten
Darmbeine gewant, vorgestellet. Sobald als die
Gebärmutter mit dem Körper des Kindes in Be-
                                                    rürung

rürung komt, wird der Kopf deſſelben rückwärts
gegen das heilige Bein aus der Bauchlinie B. G.
heraus in die Linie des Beckens getriben, nehmlich aus der Linie F. nach dem Ende des Schwanzbeines; und ſo wird er nach und nach immer weiter
herunter gedrücket, wie aus der folgenden Tafel
das weitere zu ſehen iſt. Geſezt, daß die Häute
nicht gleich brechen, wenn ſie in die Scheide gepreſſet werden; ſo dringen ſie doch allgemach weiter,
um den Eingang derſelben auszudehnen.

Siehe: 1. Band. 1. Buch, 2. Kap. 2. Abſchn.
3. Kap. 3. Abſchn. 3. Buch, 1. Kap. 1. 2. 4. Abſchn.
2. Kap. 3. Abſchn. 3. Kap. 4. Abſchn. 5. Nr.
2. Band. 10. Saml. 4. Nr. 3. 4. Fall. 14. Saml.
3. Band. 3. 4. Saml. 2. Nr. 4. Fall.

Die

Die dreizehnte Kupfertafel.

Der gleiche Durchschnit und die gleiche Vor=
stellung der Theile, wie in dem sechsten
Kupfer. Man erblickt die natürliche Lage
des Kopfes des Kindes, wenn er in die
Mite des Becken, nach völliger Eröfnung
des innern Muttermundes gesunken ist. Eine
grosse Menge Wassers samt den Häuten wird
durch den Eingang der Scheide ausgestossen;
ein Theil dieser Wasser wird indes doch zu=
rückgehalten, weil der Kopf die Scheide gleich
ausfüllet.

A. Die etwas zusammengezogene und dickere Ge=
bärmutter, nachdem die Wasser entweder unter=
wärts vor das Kind gefallen, oder gesprungen sind.

B. B. Die obern Theile der Darmbeine.

C. Der untere Theil des Mastdarmes.

D. D. Die durch den Kopf des Kindes ganz aus=
gedehnte Scheide.

E. E. Der völlig eröfnete innere Muttermund.

F. Ein Stück der Nachgeburt.

G. G. Die Häute.

H. H. Die breiten Bänder.

I. I. Die runden Bänder. Beide leztere steigen
und dehnen sich mit der Gebärmutter aufwärts.

Der

Plate XIII.

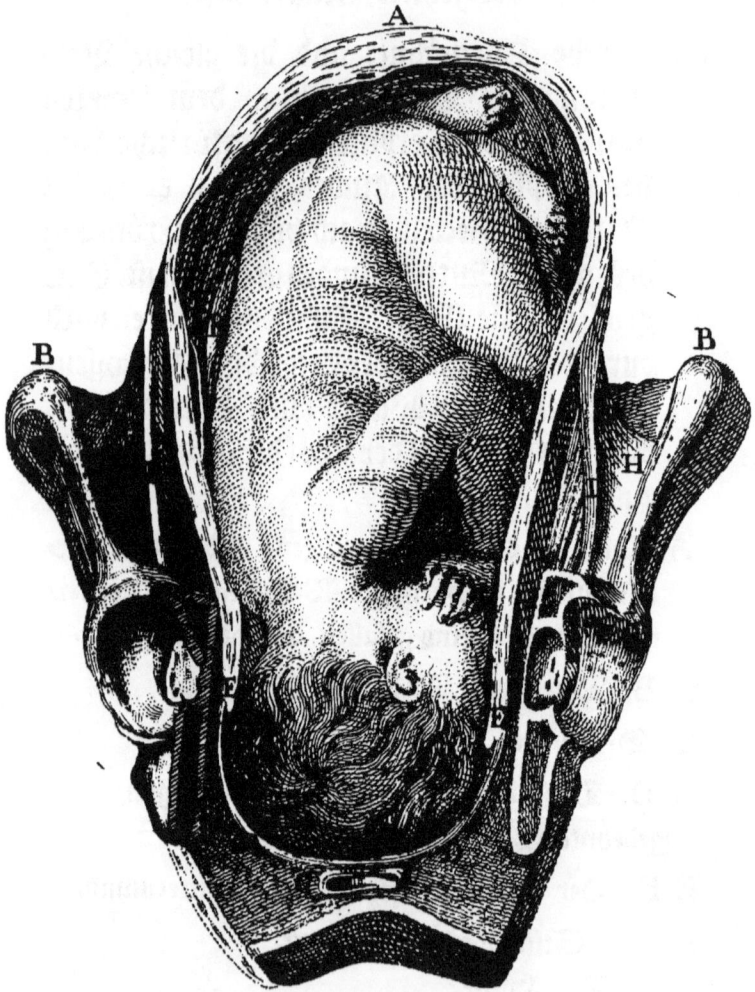

Der Scheitel des Kindes ist nun unterwärts gegen den untern Theil des rechten Hüftbeines gekehret; der breitere Theil desselben aber gegen den schmalen und untern Theil des Beckens; das Gesicht wird durch die Gewalt der Wehen nach und nach rückwärts beweget, und so wie es immer tiefer heruntersteiget, dreht sich der Scheitel und das Hinterhaupt, so wie in der folgenden Tafel, unter dem Schambeine heraus. Hieraus sieht man, wie wichtig es sei, zu wissen, daß das Becken von einer Seite zur andern an dem Rande weiter ist, als vom Hintertheile nach dem Vordertheile zu; und daß der Kopf von Vorne nach Hinten breiter ist, als von Ohr zu Ohr.

Siehe: 1. Band. 1. Buch, 1. Kap. 3. 5. Abschn. Auch 3. Buch, 3. Kap. 3. 4. Abschn. 3. Nr. 2. Band. 14. Saml.

Die

Die vierzehnte Kupfertafel

Stelt nach eben der Ansicht und nach dem
gleichen Durchschnite, wie in der zwölf=
ten Tafel, das Gesicht des Kindes, (wenn
es aus seiner in voriger Tafel abgebilde=
ten Lage unterwärts fortrücket), hinter=
wärts gegen das heilige Bein zugedrehet, und
das Hinterhaupt schon unter dem Scham=
beine vor. Auf diese Art richtet sich der
schmalere Theil des Kopfes nach dem schma=
lern Theil des Beckens, nehmlich nach dem
Raume, welcher zwischen den untern Theilen
der Hüftbeine ist. Daraus ersiehet man,
daß, da der Abstand zwischen den untern
Theilen der eben gedachten Knochen, demje=
nigen zwischen dem Schambeine und dem
Schwanzbeine gleich, und das Becken vor=
ne nicht so tief, als an den Seiten ist: daß
also das Hinterhaupt des Kindes sich unter
das Schambein hinunter begebe, sobald es
an den untern Theil der Hüftbeine ge=
kommen ist. Dadurch wird eben so viel
gewonnen, als wenn das Becken selbst hin=
ten weiter als von einer Seite zur an=

dern

Plate XIV.

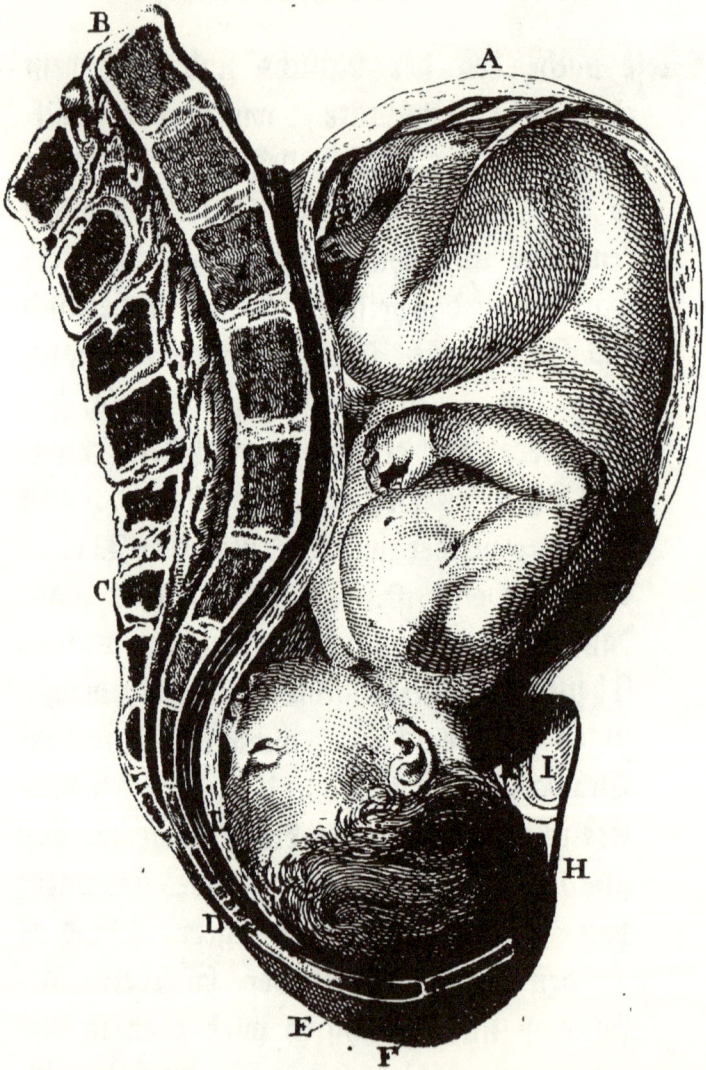

Leizel Sc.

dern gewesen wäre. Der Kopf erweitert
gleichergestalt die Höle des Beckens, indem
er das Schwanzbein zurückedrückt, und die
äusern Theile selbst in Gestalt einer starken
Geschwulst, wie man deutlicher aus folgen=
dem Kupfer sehen wird, herauspresset. Sie=
he: 1. und 2. Band, worauf schon in vori=
gem Kupfer verwiesen wurde.

A. Die fest um das Kind sich zusammengezogene
    Gebärmutter, nachdem die Wasser schon ge=
    sprungen sind.

B. C. D. Die Wirbelbeine der Lenden, das hei=
    lige und Schwanzbein.

E. Die Oefnung des Mastbarmes.

F. Die linke Hüfte.

G. Das Mitelfleisch.

H. Die sich nun erweiternde Oefnung der Scheide.

I. Das Schambein der linken Seite.

K. Ein Stück der Harnblase.

L. Der hintere Theil des Muttermundes.

Ob zwar gleich meistens zur Zeit der Geburt
oder kurz vor derselben die Wasser springen, so er=
eignet es sich doch öfters, daß mehr oder weniger
C 4 dessel=

deſſelben zurückebleibt, und nicht früher ganz aus-
geleret wird, als nach der Entbindung des Kindes
ſelbſt.   Dies geſchiht, wenn irgend ein Theil des
Kindes vorzuligen, und mit dem untern oder ni-
drigen Theile der Gebärmutter, der Scheide, der
Oefnung der Scheide, unmitelbar, oder gleich nach
gebrochenen Häuten, in feſte Berürung kom.

Die

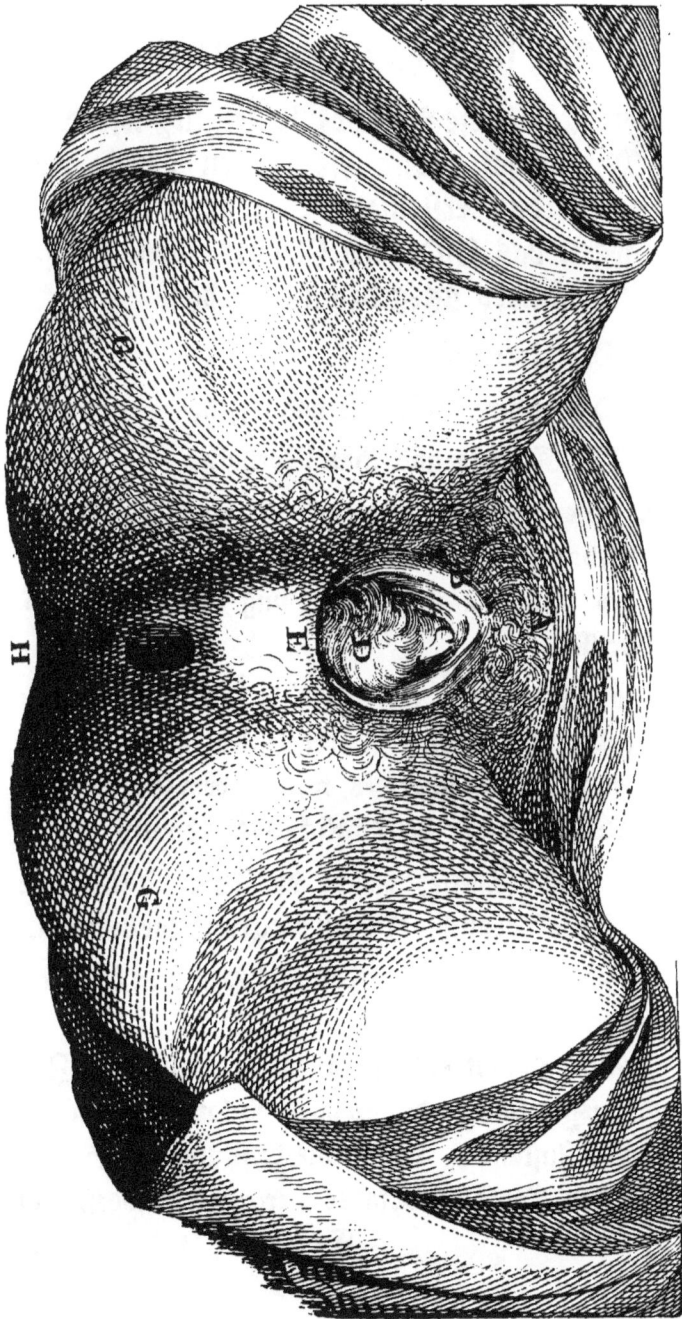

Leizel Sc

Die fünfzehnte Kupfertafel

Hat vorzüglich die Absicht, zu zeigen, wie das Mitelfleisch, und die äusern Theile bei einer das erstemal gebärenden Person, gegen das Ende der Geburt, vom Kopfe des Kindes ausgedehnet werden.

A. Der Unterleib.

B. Die grösere äusere Schamlefzen.

C. Die Klitoris und ihre Vorhaut.

D. Die haarichte und wärend einer mühsamen Geburt, am Scheitel geschwollene Kopfhaut des Kindes, in die Oefnung der Scheide gepresset.

E. F. Das durch den Kopf des Kindes herausgedrückte perinaeum oder Mitelfleisch, und Oefnung des Mastdarmes, welches dem Ganzen das Ansehen einer beträchtlichen Geschwulst gibt.

G. G. Die Theile, welche die Tuberositäten oder untere knorplichte Knoten der Hüftbeine bedecken.

H. Der Theil, welcher das Schwanzbein bedecket.

Das Mitelfleisch ist in dieser Figur zwei Zoll lang ausgedehnet, oder gedopelt so lang als im natürlichen Zustande. Wenn die Oefnung der Scheide durch den Kopf des Kindes dergestalt ausgespannt

C 5   wird,

wird, daß sie denselben hindurchläßt: so dehnt sich
das Mitelfleisch wol zu drei ja zuweilen zu vier
Zolle lang aus. Die Oefnung des Maſtdarmes
wird gleichmäſſig um einen Zoll verlängert. Die
zwiſchen ihr und dem Schwanzbeine ligenden Theile
ſind alſo ſehr ausgedehnet. Dies zuſammengenom-
men, mus einen jungen Geburtshelfer vorſichtig
machen, daß er niemals wärend dieſes Zeitpunktes
die Entbindung beſchleunige; ſondern warte, bis
die Natur die Theile ſelbſt langſam auseinander
treibet. Denn die plözliche Befreiung des
Kopfes des Kindes könte, bei der Heftigkeit der Ge-
burtsſchmerzen, eine Zerreiſſung der Theile befürchten laſſen. Der Geburtshelfer mus in dieſer Abſicht die flache Hand wider das Mitelfleiſch drücken, damit der Kopf nicht früher durchgehe, als bis
die Oefnung der Scheide genugſam erweitert iſt,
und dem Kinde der Durchgang ohne Zerreiſſung
des Lefzenbandes und der Theile, die zwiſchen dieſem
und der Oefnung des Maſtdarmes, und welche nun
äuſerſt dünne ſind, ligen, verſchaft wird.

S. 1. Band. 3. Buch, 2. Kap. 2. Abſchn.
3. Kap. 4. Abſchn. 1. Nr. und 4. Buch, 1. Kap.
1. Abſchn. So auch 2. Band. 14. 24. Saml.
3. Band. 40. Saml.

Die

Plate XVI.

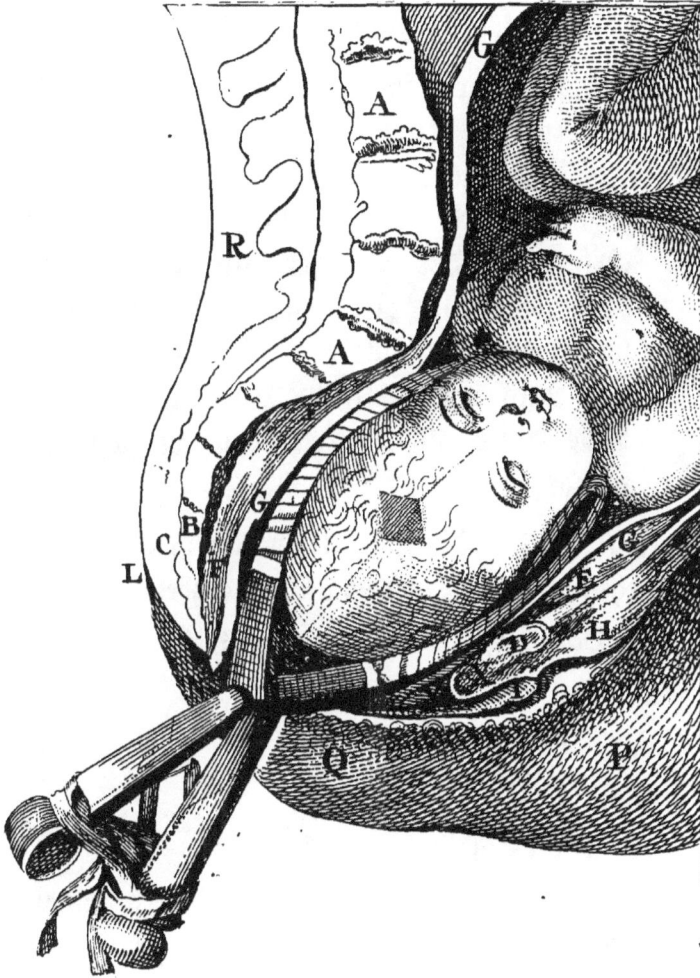

Leizel sc.

Die sechszehnte Kupfertafel.

Diese und die drei folgenden zeigen, auf welche Art der Kopf des Kindes ganz allein
mit der Zange, als künstlichen Händen,
geholet wird, wenn man sich ihrer zur
Erhaltung der Mutter und des Kindes
bedienen mus. In dieser Tafel sieht man,
wie der Kopf durch die Wehen aus seiner nach der zwölften Tafel angezeigten
Lage tiefer ins Becken herunter gepresset
worden ist.

A. A. B. C. Die Wirbelbeine der Ribben, das
heilige Bein, und das Schwanzbein.

D. Das Schambein der linken Seite.

E. Ein Stück der Harnblase.

F. F. Der Mastdarm.

G. G. G. Die Gebärmutter.

H. Der sogenante Venusberg.

I. Die Klitoris nebst der linken kleinern Schamlefze.

X. Der schwammige Körper der Klitoris.

V. Die Harnröhre.

K. Die linke grösere Schamlefze.

L. Der Ausgang des Mastdarmes.

N. Das

N. Das Mitelfleisch.

Q. P. Die linke Hüfte und der linke Schenkel.

R. Die Haut und der fleischigte Theil der Lenden.

Die Gebärende kan, so wie diese Tafel zu er=
kennen gibt, ihrerseits mit dem Hintern et=
was über die Seite oder Fußstelle des Betes ligen,
die Knie gleichergestalt aufwärts gegen den Bauch
ziehen, und zwischen dieselbe ein Kopfküssen legen;
zu gleicher Zeit auch Sorge tragen, daß die Geburts=
theile vor der äusern Luft durch Decken gehörig ge=
schüzet werden. Wenn der haarichte Theil des Ko=
pfes des Kindes dergestalt geschwollen ist, daß die
Lage des Kopfes durch Hülfe der Nahten nicht an=
gegeben werden kan, so wie aus der 21. Kupfertafel
zu ersehen ist; oder wenn man bei Einbringung eines
Fingers zwischen den Kopf des Kindes und das
Schosbein oder die Schamweichen, das Ohr oder
den hintern Theil des Halses nicht fühlen kan: so
mus der Geburtshelfer mit den Fingern, die er zu
dem Ende vorher mit Fett beschmieren soll, zur Zeit
der Wehen den Eingang in die Scheide algemach er=
weitern, bis die ganze Hand in die Scheide selbst
gebracht werden, und flach zwischen dem hintern
Theile des Beckens und dem Kopfe des Kindes hin=
auf gleiten kan. Der Leztere mus hernach so hoch
als möglich hinaufgeschoben werden, damit die Fin=

ger

ger Raum erhalten, die Ohren und den Nacken zu
erreichen. Hat man ſich auf dieſe Weiſe die Lage des Kopfes bekant gemacht, ſo mus die Hand zurückgezogen
und abgewartet werden, ob die Wehen die Ausdehnung
der Theile erneuern oder verſtärken, und dem Vor-
rücken des Kopfes in das Becken mehr Raum ver-
ſchaffen werden. Wenn dem ungeachtet nichts weiter
vor ſich gehen wil: ſo müſſen die Finger wieder wie
vorhin eingebracht, und eines von den Blätern der
Zange mit Fett beſchmieret, und längſt der holen
Seite der Hand oder längſt den Fingern hinaufge-
ſchoben, und an das linke Ohr des Kindes, ſo wie
es im Kupfer ausgedrückt iſt, angeleget werden.
Wenn nun aber das Becken verdrehet wäre, und
am obern Theile des Heiligenbeines ſich vorwärts
krümmete, ſo daß ſich der vordere Theil des Kopfes auf keinerleiweiſe rückwärts bewegen kan,
um das Ohr von demjenigen Theile des Beckens
hinwegzubringen, an den ſich das Ende der Zange
nicht hinaufſchieben läſt: in dieſem Falle, ſage
ich, mus das Blat der Zange längſt dem hintern
Theile des Ohres, an der Seite des verſchränkten
Knochens eingebracht werden. Die eingebrachte
Hand wird nun wieder heraus gezogen; damit man
mit ihr die Handhabe des eingebrachten Blates der
Zange ſo weit hinterwärts drücke, als es das Mitelfleiſch verſtaten wil. Zu gleicher Zeit werden die

Finger

Finger der andern Hand in den Muttermund an
dem vordern Theile des Beckens oder an der rechten
Schamweiche eingebracht, und das andere Blat der
Zange gerade an der gegenüberstehenden Seite des
vorigen genau angeleget. Ist dies geschehen, so
hält man beide Handhaben fest, schließet sie zusammen, und ziehet somit bei jeder Wehe den Kopf
mehr und mehr herunter, bis der Scheitel, nach
dieser Kupfertafel, in den untern Theil des linken
Hüftbeines, oder noch tiefer, herabgebracht worden
ist. Sobald der breite Theil des Kopfes nun in den
schmalern Theil des Beckens zwischen den Tuberositäten der Hüftbeine fortgerückt ist, so mus er
vom linken Hüftknochen hinweg, gegen das Schambein hinunter, und das Gesicht rückwärts gegen den
holen Theil des Heiligenbeines und des Schwanzbeines, so wie aus der 17. Tafel erhellet, gewendet
werden. Hernach rückt er der Länge nach weiter
fort, und wird, nach der Vorstellung der 18. und
19. Tafel, befreiet. Wenn man finden solte, daß
die Befreiung desselben wegen der Grösse des Kopfes,
oder einem zu engen Becken, zu viele Gewalt er-
forderte: so müssen die Handhaben der Zange mit
einem Bindfaden oder einer Binde zusammengeknü-
pfet werden, wie aus dem Kupfer zu ersehen ist,
damit ihre Lage nicht verrücket werde. Inzwischen
soll die Gebärende auf dem Rücken ligen, so wie
in

in der 24. Tafel angezeigt wurde, denn diese Lage
ist für die Lösung des Kopfes vorteilhafter, als die
auf der Seite.

Dieses Kupfer zeigt auch, daß die Handhaben
der Zange so weit hinterwärts gehalten werden sol=
len, als es der Eingang der Scheide erlaubet, da=
mit die Bläter nach einer eingebildeten Linie zwischen
jenem und dem mitlern Raume zwischen dem Nabel
und Herzgrübchen zu ligen kommen. Wenn die
Zange längst den Ohren und Seiten des Kopfes
angeleget worden ist, so sind sich die Löfel derselben
einander näher, haben einen bessern Halt, und las=
sen weniger Eindrücke zurück, als wenn man sie an
das Stirn und Hinterhauptbein angeleget häte.

Siehe: 1. Band. 3. Buch, 3. Kap. 1. bis 6.
Abschn. und 2. Band. 25. 26. 27. 29. Saml.

Die

Die ſibenzehnte Kupfertafel

Gibt eben die algemeine Ueberſicht, wie die
vorige, und ſtelt den mit der Zange tiefer heruntergeholten, und aus der in voriger Tafel angezeigten Lage gebrachten
Kopf des Kindes, blos im Umriſſe dar.
Es iſt dies die Nachamung des natürlichen
Fortganges des Kopfes wärend den Wehen; ſo daß man annehmen kan, er würde
eben den Gang genommen haben, wenn
die Hilfe der Zange nicht nöhtig geweſen
wäre. Dieſe Nohtwendigkeit entſpringt
aus einigen im 1. Bande angefürten
Urſachen.

In dieſer Figur iſt die Lage der Zange längſt
den Ohren und dem ſchmalern Theile des Kopfes
deutlicher ausgedrücket worden. Hieraus erhellet,
daß wenn der Scheitel von dem linken Hüftbeine
wo er feſt lag, ſich hinweg begeben hat, derſelbe durch
dieſe Befreiung unterhalb dem Schosbeine heraus-
komme, da inzwiſchen der Vorderkopf, welcher an
die Mite des rechten Hüftbeines angedrücket war, in
die Hölung des Heiligenbeines und Schwanzbeines
gedrehet wird. Auf dieſe Weiſe ligt der ſchmalere
Theil des Kopfes nun zwiſchen den Hüftbeinen oder

dem

Plate XVII.

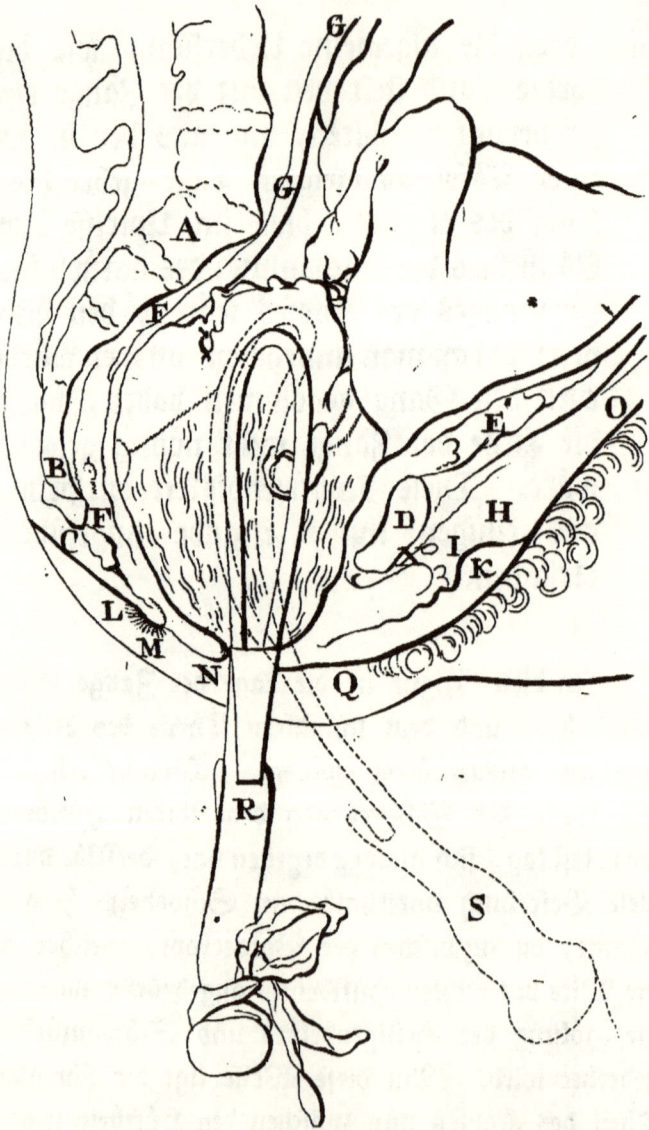

Leizel sc.

dem schmalern Theile des Becken. So wie nun
das Hinterhaupt unterhalb dem Schosbeine heraus-
trit, so geht auch der ganze Kopf immer leichter
nach. Wenn der Kopf tief in das Becken getreten, und sich seine Lage durch die Nahten nicht
bestimmen läst: so kan sie meistentheils noch dadurch erkant werden, wenn man den hintern Theil
des Nackens des Kindes, durch Einbringung eines
Fingers zwischen dem Hinterhaupte und dem Schosbeine, oder nahe an den Schamweichen hinauf,
befühlet. Wenn der Kopf in eine längliche Form,
so wie in der 21. Tafel angezeigt wird, gepresset
worden, und in dieser Lage einige Stunden lang
stehen gebliben ist, die Wehen auch nicht zulänglich
sind, die Entbindung zu volbringen: so mus man zu
der Zange seine Zuflucht nehmen, um das Kind zu
reten, obgleich die Mutter noch keiner Gefar ausgesezt ist. Wenn aber der Kopf, nach der vorigen
Tafel noch hoch oben im Becken steht: so darf man
sich der Zange nicht bedienen, es sei dann, daß man
durch die dringendste Noht dazu gezwungen würde.

Auch diese Tafel zeiget, daß die Handhaben der
Zange stets hinterwärts gegen das Mitelfleisch hin-
gehalten werden müssen. Sie ligen nach gegenwärtiger Vorstellung in einer entgegenstehenden Linie
mit dem obern Theil des Heiligenbeins, wenn

D aber

aber der Kopf etwas höher steht, und die Hand=
heben etwas mehr rückwärts gehalten werden: so
ligen sie in einer Linie mit dem Herzgrübchen.
Wird die Zange in dieser Lage des Kopfes angele=
get, so läst sie sich am leichtesten einbringen,
wenn sich die Gebärende, nach der 24. Tafel,
auf den Rücken leget. Und dann ists auch nicht
mehr nöhtig, daß die Handheben fest gebünden
werden. Das geschieht nur, damit man ihrer Ver=
rückung zuvorkomme, im Falle die Gebärende sich
von der Seite auf den Rücken bewegen solte.

Da mir einige Fälle vorgekommen sind, wo
eine oben gebogene Art von Zangen, grose Dienste
leistete, um den Kopf, wenn der Körper bereits,
wie in der 35. Tafel angezeiget ist, befreiet wur=
de, herauszuholen: so habe ich sie hier mit punktir=
ten Linien ausdrücken lassen. Man kan sich
ihrer so gut als der andern in schweren Fällen be=
dienen; doch werden sie nicht mit gleicher Bequem=
lichkeit regieret.

Die meisten Theile dieser Tafel sind mit eben
den Buchstaben, wie in der vorigen bezeichnet
worden; und die dort gegebene Erklärungen passen
auch auf diese; folgendes ausgenommen:

L. M.

L. M. Die Oefnung des Mastdarmes.

M. M. Das Mitelfleisch.

O. Die gemeinschaftlichen Bauchdecken.

R. Die kurze Zange.

S. Die lange gekrümte Zange. Die erstere ist elf, und die leztere zwölf und einen halben Zoll lang; dies Maas habe ich nach einigen gemachten Veränderungen als das schicklichste befunden. Allein darum dürfen sich andere nicht abhalten lassen, nach diesem Muster wieder Veränderungen mit derselben vorzunehmen.

Siehe die 37. Tafel.

Die

Die achtzehnte Kupfertafel.

Nach einer ähnlichen Durchschneidung und
Ansicht der Theile zeiget sich der Kindes-
kopf in eben der Lage, wie in der vorigen
Tafel, nur daß er mit Hilfe der Zange
tiefer heruntergebracht worden ist. Der
Eingang in die Scheide ist hier mehr eröfnet, das Hinterhaupt komt tiefer unter dem Schambeine hervor; und der
Vorderkopf weicht schon an dem Schwanzbeine herunter. Hiedurch wird das Mitelfleisch und die Mastdarmöfnung, nach
der 15. Tafel, gleich einer starken Geschwulst, ausgedehnet.

Wenn der Kopf schon so weit fortgerücket ist,
so mus der Geburtshelfer ihn mit groser Behutsamkeit herausziehen, damit ja keine Theile zerrissen
werden. Sind die Wehen stark genug, so mus
man den Vorderkopf niederdrücken, und ihm ganz
langsam herunter helfen. Und dies geschieht, indem man mit den Fingern an den äuseren Theilen
an dem Schwanzbeine hin, und gegen den Kopf
drücket. Zu gleicher Zeit legt man die Zange
hinweg, und der Kopf kan nun ungehindert den
Eingang der Scheide immer mehr und mehr ausdehnen,

Plate XVIII.

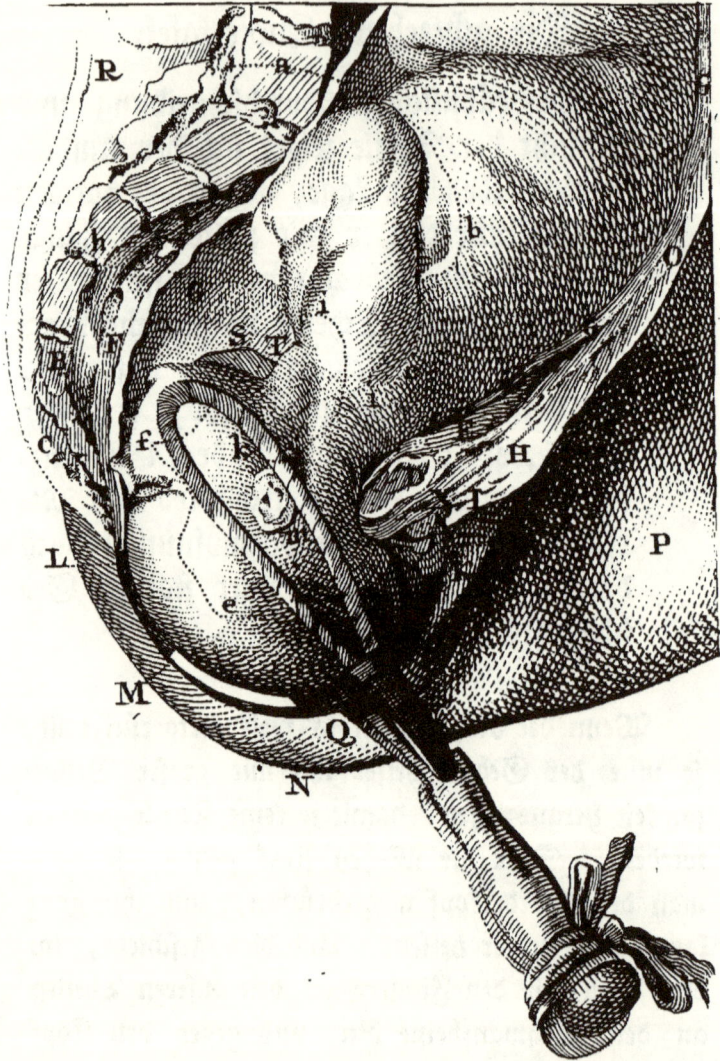

Leizel sc.

dehnen, theils vermöge der Macht der Wehen,
theils durch den Beistand der Finger. Wenn aber
die erstern zu schwach und unkräftig sind, so mus
man fortfahren, mit der Zange Hilfe zu leisten. (Sie=
he die Beschreibung der Theile nach der 16. Tafel.)
S. T. stelt die linke Seite des Muttermundes dar;
die punktirten Linien bezeichnen die Lage der Kno=
chen des Becken auf der rechten Seite, und können
als Muster für alle ähnliche Seitenvorstellungen
desselben gelten.

a. b. c. h. Der Umris des Darmbeines.

D. e. f. Der Umris des Schosbeines und Hüft=
beines.

i i k. Die Gelenkhöle des Schenkelbeines, und

m. n. Das grose Beckenloch.

Siehe: 1. Band. 3. Buch, 5. Kap. 3. Abschn.
2 Band. 25. Saml.

D 3

Die

Die neunzehnte Kupfertafel

Hat die Absicht nach der nehmlichen Vorstellung und nach dem nehmlichen Durchschnite des Beckens, wie die vorige Tafel, im Umrisse zu zeigen, daß, so wie
die äusern Theile ausgedehnet, und die
äusere Oefnung der Scheide erweitert
worden ist, das Hinterhaupt des Kindes
sich in einer halbkreisförmigen Bewegung
unter das Schosbein hinauf begibt.
Man kan also diesen besagten Knochen
gleichsam als die Are oder den Hebel betrachten, um welchen sich der hintere Theil des Nackens drehet; da zu
gleicher Zeit der Vorderkopf und das Gesicht, bei ihrer Aufwärtsbeugung die Theile zwischen dem Schwanzbeine und dem
Eingang in die Scheide stark ausdehnen.
So macht es auch die Natur, wenn sie
zur Zeit der Wehen diese Theile auseinander treibet. Und da es der Vernunft
gemäs ist, die Nachahmerin der Natur
zu seyn, so sol man sich eben der Methode bedienen, wenn dem Kopf mit der
Zange fortgeholfen werden mus.

Siehe die drei vorigen Kupfertafeln, in Absicht
der Beziehungen und Erklärungen.

Die

Plate XIX.

Leizel sc

Plate XX

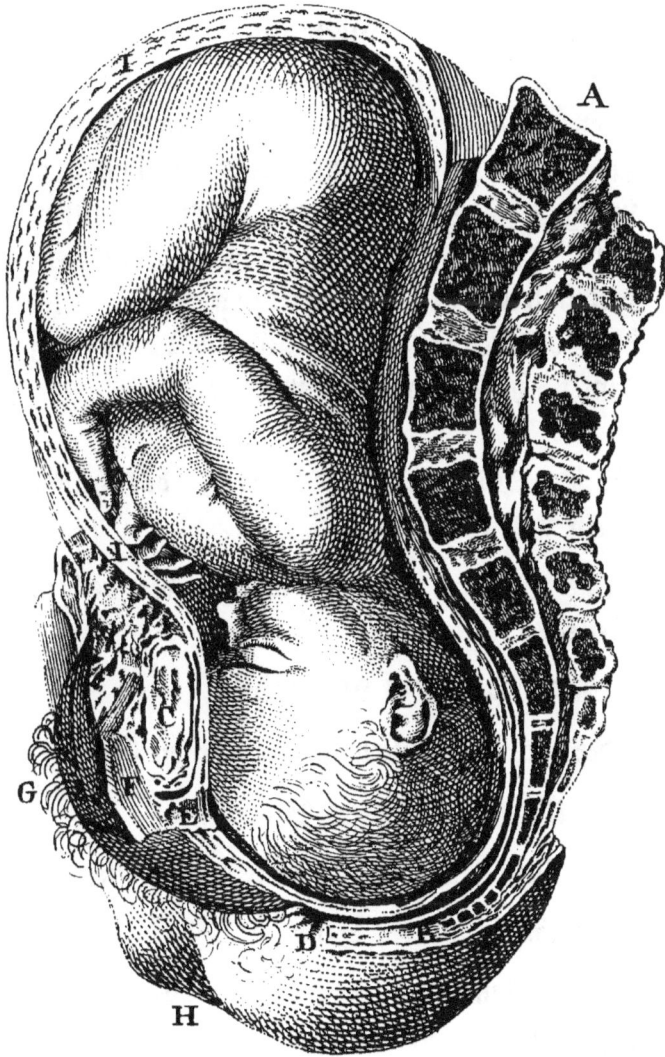

Leizel sc.

Die zwanzigste Kupfertafel.

Wieder der gleiche Durchschnit des Beckens von der rechten Seite her betrachtet. Der Kopf des Kindes stelt hier gerade die entgegengesezte Lage derer in den drei vorigen Tafeln vorkommenden Figuren vor; der Scheitel schmiegt sich hier in den holen Theil des Heiligenbeines, und der vordere Theil des Kopfes ruhet auf dem Schos oder Schambeine.

A B. Die Wirbelbeine der Lenden, das heilige Bein und Schwanzbein.

C. Das Scham= oder Schosbein der rechten Seite.

D. Der Ausgang des Mastdarmes.

E. Der noch unerweiterte Eingang in die Scheide.

F. Die kleinere und innere Schamlefze.

G. Die äusere Schamlefze der rechten Seite.

H. Die Hüfte und der Schenkel.

I I. Die zusammengezogene und der Waßer bereits ganz entledigte Gebärmutter.

D 4   Wenn

Wenn der Kopf klein und das Becken weit ist:
so erweitern die Seitenknochen und der vordere
Theil des Kopfes, so wie in gegenwärtigem Falle,
wenn sie durch die Wehen unterwärts getriben wer=
den, almälig die Scheide, und dehnen die zwischen
dieser und dem Schwanzbeine ligenden Theile,
gleich einer grosen Geschwulst, nach den Buchsta=
ben E und F in der 16. Tafel, aus, bis das Ge=
sicht unter den Schambeinen hervorkomt; wenn an=
ders der Kopf glücklich befreiet werden soll. Wenn
nun aber dieser gros und das Becken enge ist: so
werden auch die Schwierigkeiten gröser, und das
Kind in Gefar seyn: so wie die folgende Tafel das
Mehrere sagen wird.

Siehe: 1. Band. 3. Buch, 3. Kap. 4. Abschn.
3. Nr. 2. Band. 16. Saml. 2. Nr.

Die

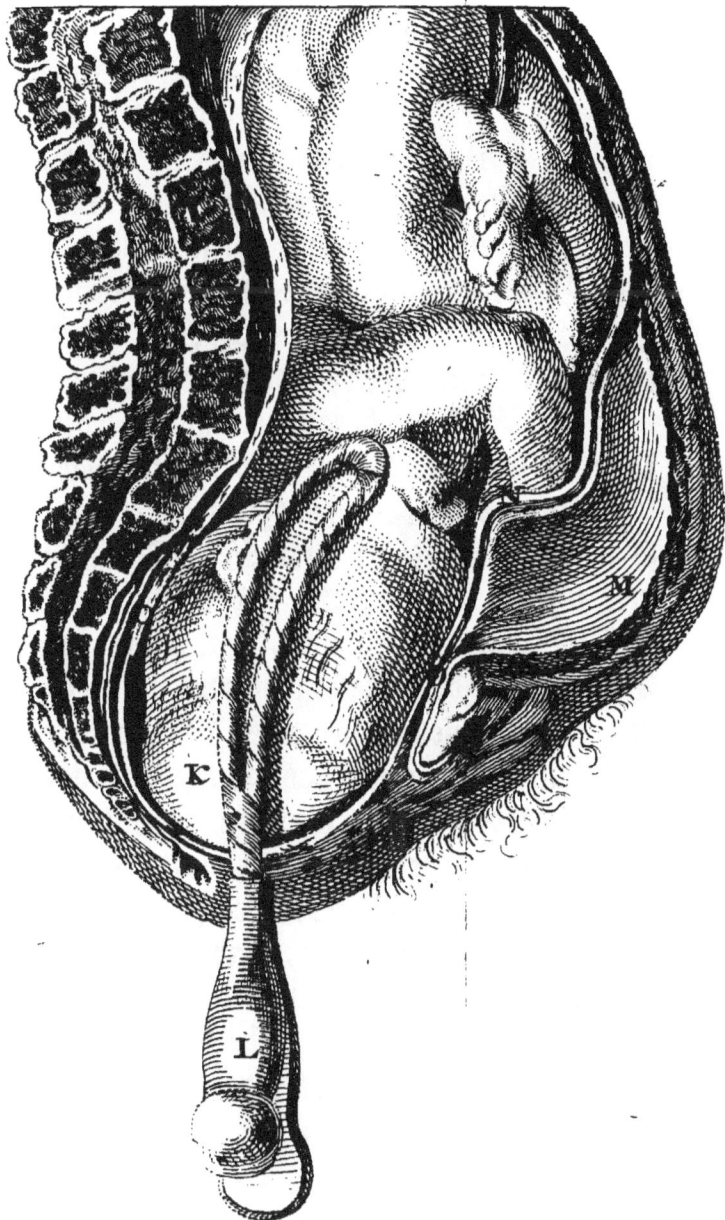

Plate XXI

Leizel Sc.

Die ein und zwanzigste Kupfertafel

Stelt den Kopf des Kindes in der nehmlichen Lage, wie in der vorigen Tafel für,
der aber, bei seiner vorzüglichen Gröse,
von den starken Wehen durch eine anhal-
tende Pressung im Becken, in eine länglichte Gestalt, mit einer Geschwulst an
dem Scheitel, zusammengedrücket worden
ist. Wenn das Kind durch die Wehen
allein nicht entbunden, oder gewendet und
mit den Hüften herausgebracht werden
kan: so mus die Zange dem Kopfe angeleget, und derselbe herausgezogen werden,
so wie es diese Figur ausweiset. Da aber
dies nicht geschehen kan, ohne Gefar zu
laufen, das Mitelfleisch, ja selbst die
Scheide und den Mastdarm der Gebärenden zu zerreissen: so mus der Vorderkopf rückwärts gegen das Heiligebein gedrehet werden. Um dies mit möglichster
Wirksamkeit zu bewerkstelligen, mus der Geburtshelfer die Handheben der Zange mit
beiden Händen festhalten, und zu gleicher
Zeit aufwärts drücken und den Kopf so
hoch als möglich in die Höhe heben, um
desto leichter den Vorderkopf nach derje-

D 5   nigen

nigen Seite zu wenden, in welcher er sich
in seiner natürlichen Lage befindet. Ist
dies geschehen, so mus der Kopf herunter=
gezogen und so entbunden werden, wie
die 16. Tafel anzeiget.

Siehe: 1. Band. 3. Buch, 3. Kap. 4. Abschn.
2. Nr. und 2. Band. 28. Saml. Auch die vo=
rige Tafel für die Beschreibung der Theile; aus=
genommen:

K. Die Geschwulst an dem Scheitel. Man kan
annehmen, daß die nehmliche Zusammendrü=
ckung und Verlängerung des Kopfes, so wie
auch die Geschwulst des Scheitels in einem
höhern oder geringern Grade in der 16. 17.
18. und 19. Tafel, wie in dieser stat finde;
wo die Schwierigkeit von dem zu grosen Kopfe
oder dem zu engen Becken herrühret. Ver=
gleiche auch die 27. und 28. Tafeln.

L. Die Zange. Zuweilen kan der Vorderkopf mit
Hilfe der Finger in seine natürliche Lage ge=
bracht werden, oder auch nur mit einem Blate
der Zange. Diese kan entweder, wenn man
einen oder beide Bläter nöthig hat, von schma=
ler Art, oder an einer Seite gekrümt seyn.

M. Die

M. Die Harnblase, welche, vermöge des anhal-
tenden Druckes des Kopfes auf die Harnröhre, von einer Menge Urins ausgedehnt ist.
Hieraus ergibt sich, daß der Urin in solchen
auserordentlichen Fällen mit Hilfe des Katheters herausgelassen werden mus, ehe man
die Zange anlegen will; oder in widernatürlichen Fällen, wo das Kind mit den Füssen
zuerst gehohlet wird.

N. Der untere Theil der Gebärmutter.

O O. Der Gebärmuttermund.

Die

Die zwei und zwanzigste Kupfertafel

Stelt nach einer vorderen Ansicht der Theile den Vorderkopf des Kindes, so wie er am Rande des Beckens aufligt, dar; das Gesicht ist nach der einen Seite, die Fontanelle nach der andern gerichtet, und die Füse und der Hintere nach dem Gebärmuttergrunde hin gedrückt.

A A. Der obere Theil der Darmknochen.

B. Der Mastdarmausgang.

C. Das Mitelfleisch.

D. Der Eingang in die Scheide, die Dicke des hintern Theiles, ehe er noch von dem Kopfe des Kindes ausgedehnet wird.

E E E. Die Scheide.

F. Der noch nicht genug erweiterte Mutter-mund.

G G G. Die Gebärmutter.

H. Die Fethaut.

Wenn das Gesicht nicht heruntergepresset wird, so steigt der Kopf bisweilen auf diese Weise her-unter, daß der Scheitel flach wird, und das

Ge-

Plate XXII

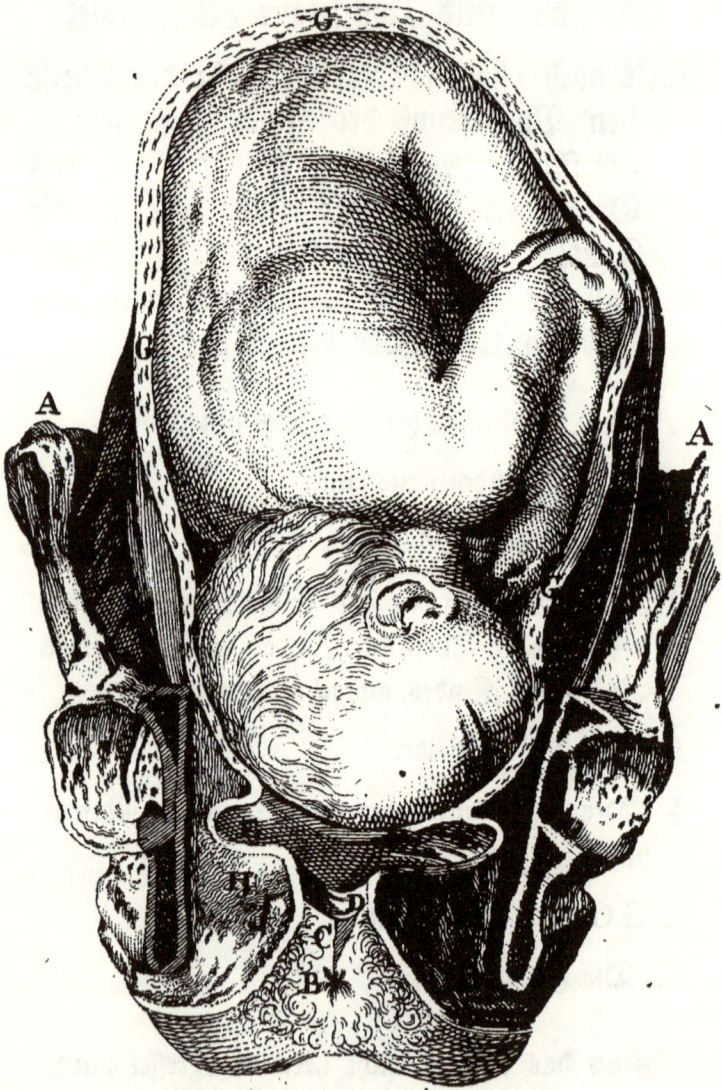

Leizel. Sc.

Geſicht eine kegelförmige Geſtalt erhält; komt
aber der Kopf in den tiefern Theil des Beckens
herunter, ſo wird das Geſicht, oder das Hinterhaupt von der Seite hinweggeſchoben, und komt
unter dem Schosbeine hervor. Wenn der Kopf
hingegen gros iſt, und von den Wehen nicht fort-
getriben, oder die unrechte Lage nicht geändert
werden kan: ſo mus das Kind, wo möglich entweder mit den Füſen geholet, oder mit der Zange entbunden werden.

Siehe: 1. Band. 3. Buch, 2. Kap. 3. Abſchn.
3. Kap. 4. Abſchn. 3. Nr. 2. Band, 16. Saml.
4. Nr. 28. Saml.

Die

Die drei und zwanzigste Kupfertafel

Stelt von der Seite her das vorligende Gesicht des Kindes dar, welches in den untern Theil des Beckens getriben wird.
Das Kin stehet unter den Schambeinen,
und der Scheitel in dem Einbuge des
Heiligenbeines. Da die Waßer bereits
alle gesprungen sind, so schliest sich die
Gebärmutter fest an den Körper des Kindes an, um deßen Hals noch überdies
die Nabelschnur herumgewunden ist.

A B. Die Wirbelbeine der Lenden, das Heilige
und Schwanzbein.

C. Das Schambein der linken Seite.

D. Der untere Theil des Maßdarmes.

E. Das Mitelfleisch.

F. Die linke grose Schamlefze.

G G G. Die Gebärmutter.

Wenn das Becken weit, und der Kopf klein
ist, so komt er in diese Lage, und das Kind
glücklich in die Geburt. Denn, so wie der Kopf
tiefer herunter rücket, wird das Gesicht und der
Vorderkopf die Theile zwischen der Vereinigungsstelle

Plate XXIII.

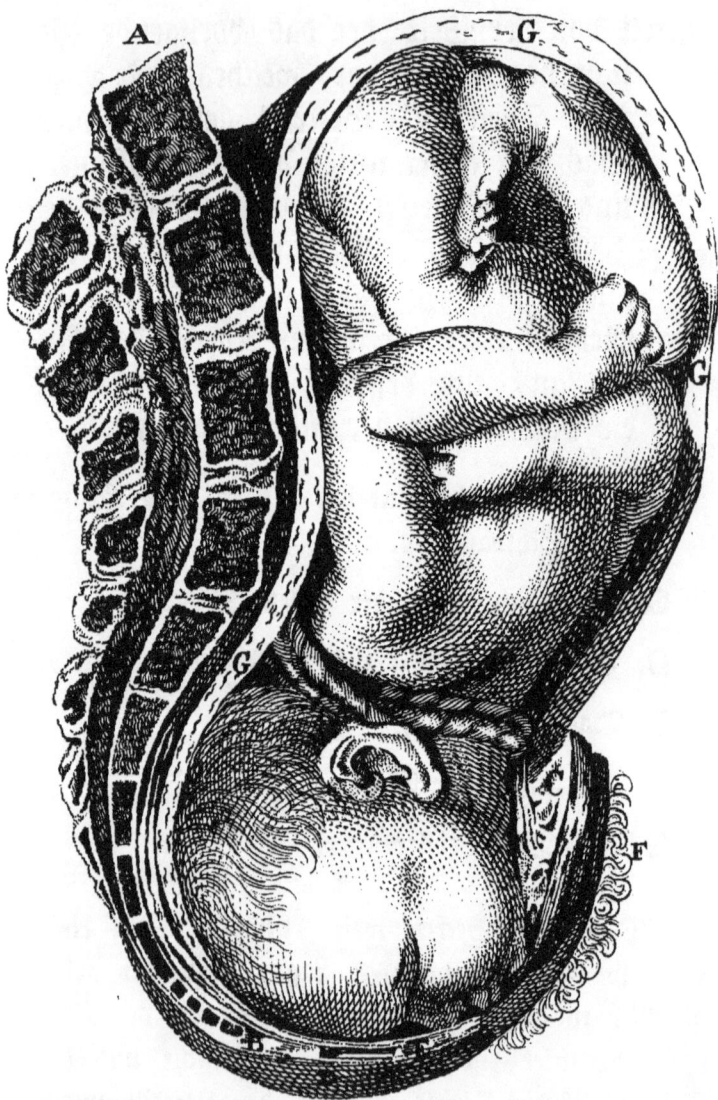

Leizel sc.

stelle der grösern Schamlefzen und dem Schwanz=
beine in Gestalt einer starken Geschwulst ausdehnen.
Wenn nun der Eingang in die Scheide sich er=
weitert hat, so wird das Gesicht durch denselben
getriben; der untere Theil des Kines steiget nach
dem vordern Theile der Schambeine hinauf; und
der Vorderkopf, der Scheitel und das Hinterhaupt
glitschen über die untern Theile herunter. Wenn
der Kopf nun aber gros ist, so bleibt er entweder
in dieser Lage, oder noch höher oben unverrückt
stehen. Kan man in diesem Falle die Lage nicht
in die natürliche verändern, so mus das Kind ge=
wendet, und mit den Füsen herausgezogen werden.
Wenn das Becken überdies enge ist, und die
Wasser nicht alle gesprungen sind, so mus der
Scheitel, wo möglich, zum Vorligen gebracht
werden. Hat sich nun aber die Gebärmutter so
stark zusammengezogen, daß dies nicht mehr zu
Stande gebracht werden kan, so hat man in
Rücksicht des starken Zusammendrückens der Ge=
bärmutter und der Schlüpfrigkeit des Kopfes des
Kindes, die in der folgenden Tafel angeführte Me=
thode zu befolgen.

Die

Die vier und zwanzigste Kupfertafel

Läst uns, nach einem Seitendurchschnit, den Kopf des Kindes in eben der Lage, wie in der vorigen Tafel sehen. Vorausgesezt, daß die Geburt durch die Gröse des Kopfes, oder durch ein enges Becken ver= zögert werde.

Wenn der Kopf in diesem Falle nicht mehr in die Höhe und in die Gebärmutter hinaufgebracht werden kan, so mus man, um das Kind zu reten, denselben mit der Zange holen. Die gegenwärtige Lage des Kines auf dem Schosbeine ist eine der besten, wenn das Gesicht vorligt, wobei vermi= tels der Zange die Geburt am leichtesten volendet werden kan. Diese Tafel zeiget auch die Art an, wie jene über den Ohren eingebracht werden sol. Die Gebärende mus auf dem Rücken, und mit ihrem Hintern etwas noch auf dem Bete li= gen; auf jeder Seite mus sich ein Gehilfe an ihre gebogene Knie stüzen. Wenn nun der Geburts= helfer mit der Hand die äusern Theile langsam er= weitert, die Zange eingebracht, und gehörig längst den Ohren des Kindes angeleget hat: so mus er den Kopf nach und nach herunterziehen, dergestalt, daß die Theile an dem Eingange in die Scheide almälig ausgedehnet werden. Das Kin wird so=

dan

Plate XXIV.

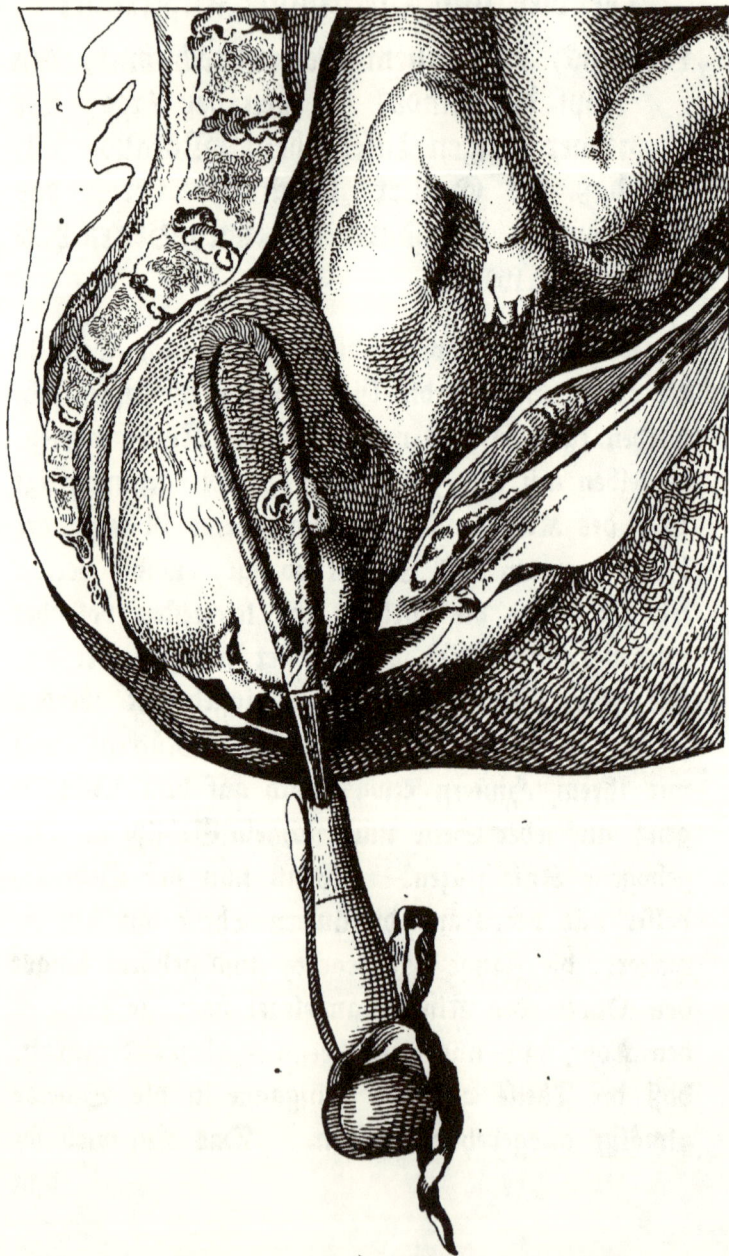

Leizel sc

dan etwas aufwärts über die Schamgegend hinauf
geschoben, da inzwischen der Vorderkopf, die Fontanelle, und das Hinterhaupt langsam an dem
Mitelfleische und der hintern Wand der Scheide
heruntergezogen werden; langsam, sage ich, damit
das Mitelfleisch nicht zerreisse, oder verlezet werde.
Gesezt aber, daß das Kind weder gewendet, noch
mit der Zange herausgezogen werden kan: so mus
die Entbindung den Wehen, so lange als die Kreisende in keiner Gefar schwebet, überlassen werden.
Wäre aber eine solche vorhanden, so mus der Kopf
mit dem in der 39. Tafel abgezeichneten krummen
Hacken befreiet werden.

Wenn das Gesicht vorliget, und das Kinn nach
der Seite des Becken gerichtet ist: so mus einmal,
die Gebärende auch ihrerseits ligen, und wenn die
Zange längst den Ohren angeleget worden ist, sodann das Kinn an dem untern Theile des Hüftbeines herunter gebracht, unter den Schambeinen
heraus gezogen, und langsam auf schon gemeldete
Art, befreiet werden.

Siehe: 2. Band. 16. Saml. 6. Nr. so wie
auch die 16. 17. 18. 19. Tafeln, in Absicht der
Beschreibung.

E   Die

Die fünf und zwanzigste Kupfertafel

Stelt die Ansicht der rechten Seite und das
vorligende Gesicht des Kindes, gerade
wie in der 23. Tafel, nur in der gegen=
seitigen Lage vor; das ist, mit dem
Knie nach dem Heiligenbeine und mit den
Seitenknochen des Kopfes nach den Schos=
beinen hingerichtet. Die Waſſer ſind aus=
geleret, und die Gebärmutter wieder in
ihrer Zuſammenziehung.

A. Die noch nicht hinlänglich genug ausgedehnte
Scheideöfnung.

B. Der Ausgang des Maſtdarmes. Die fernere
Beſchreibung der Theile, ſiehe: in der 20.
Tafel.

In dergleichen, ſo wie auch bei Gelegenheit
der leztern Tafel angeführten Fällen, wo nehmlich
der Kopf des Kindes klein iſt, wird dieſer durch
die Wehen tiefer ins Becken getriben werden, al=
mällg die untern und äuſern Theile der Scheide
immer mehr und mehr erweitern, bis endlich der
Scheitel unter der Schamgegend hervorkomt und
ganz durch die äuſere Theile durchbricht, folglich
die Entbindung völig einer natürlichen gleich macht.

Wenn

Plate XXV.

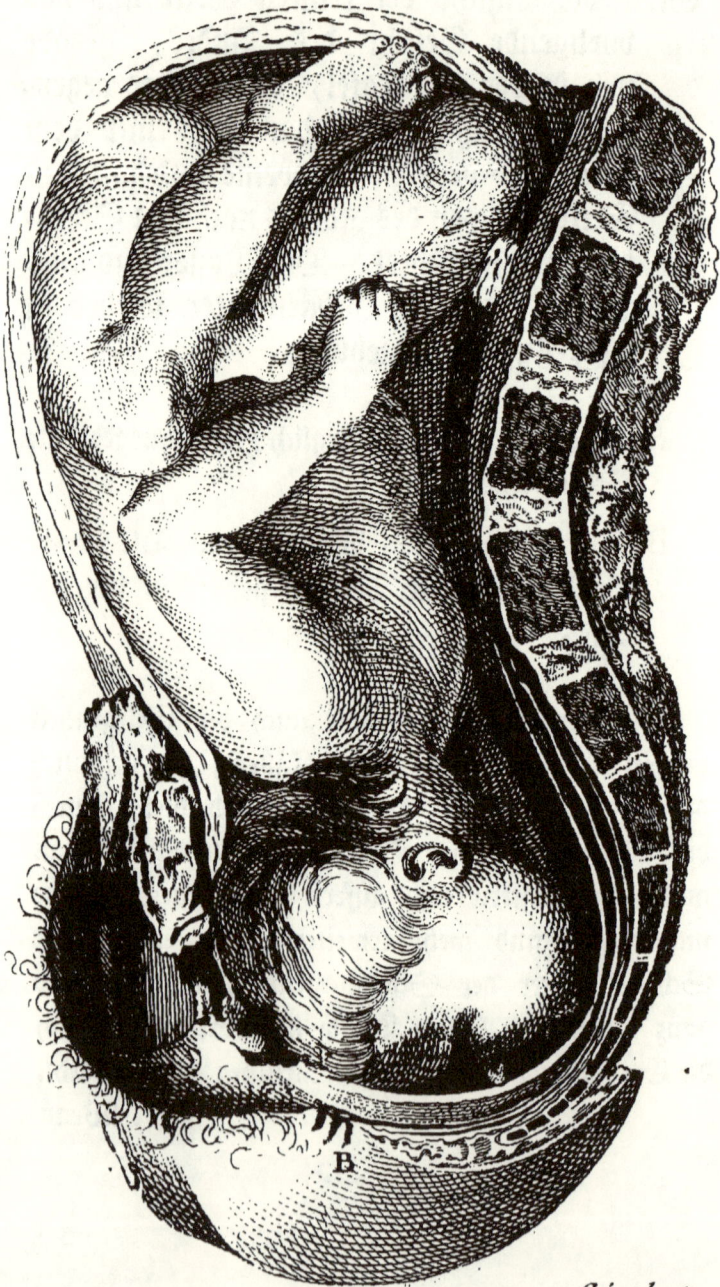

B.

Leizel sc.

Wenn nun aber der Kopf gros ist, so wird er mit vieler Beschwerde fortrücken; dergestalt, daß das Kind darüber zu Grunde gehen mus. Diese Gefar kan man, wenn man bei Zeiten zu Hilfe gerufen worden ist, durch die Wendung des Kindes, und das Herausziehen mit den Füsen, abwenden. Gesezt aber der Kopf des Kindes wäre nun schon tief herunter gekommen, und könte nicht mehr gewendet werden: so mus die Entbindung mit der Zange, entweder so, daß der Kopf so wie er vorligt, oder nach der in der folgenden Tafel vorgestelten Weise geholet werde, vollendet werden.

Siehe: die Beziehungen der vorigen Tafel.

Die

Die sechs und zwanzigste Kupfertafel

Stelt den Seitenanblik der linken Seite des Beckens im Umrisse, und das Kind in der nehmlichen Lage, wie in der vorigen Tafel dar.

Der Kopf ist hier in eine völig länglichte Gestalt zusammengepresset; und ob er gleich tief genug heruntergetriben worden ist, um die Oefnungen der Scheide zu erweitern: so kan doch der Scheitel und das Hinterhaupt nicht so weit herunter gebracht werden, daß sich beide unter den Schambeinen herauszeihen liessen, (so wie in voriger Tafel angezeigt worden ist,) ohne Gefar zu laufen das Mittelfleisch und die Mastdarmöfnung, oder die Scheide und den Mastdarm selbst zu verlezen.

In diesem Falle ist nun, wenn entweder die kurze oder lange gekrönte Zange längst den Ohren, angeleget worden, (wie diese Tafel anzeiget,) die beste Methode diese, daß man den Kopf so hoch als möglich in das Becken hinaufstose. Nächst diesem mus das Kinn vom Heiligenbeine hinweg nach einem der beiden Hüftbeine gewendet, und nach dem untern Theile des leztgedachten Knochens gebracht werden. Wenn auch dieses geschehen ist, so mus der Geburtshelfer mit der einen Hand die

Zange

Plate XXVI.

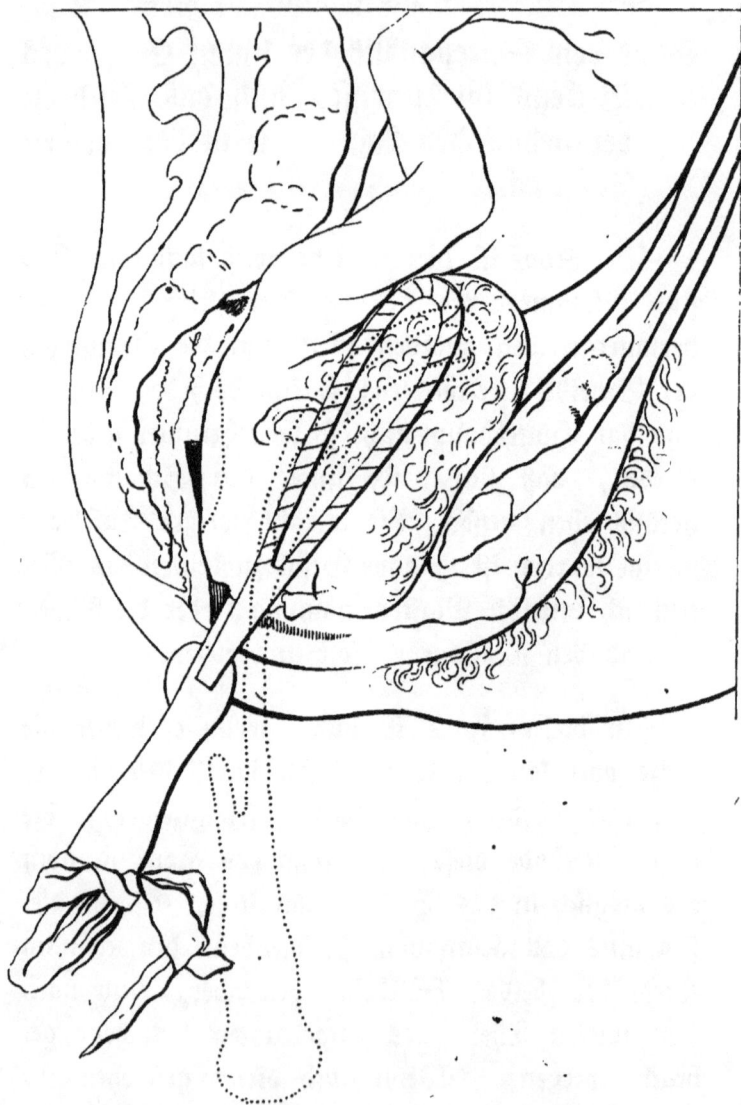

Leizel sc.

Zange an ſich ziehen, und zugleich zwei Finger der
andern Hand feſt an den untern Theil des Kinnes,
oder an die Unterkinbacke andrücken; um das Geſicht
in der Mitte zu halten, und zu verhindern, daß
das Kinn nicht am Hüftbeine in ſeinem Fortgange
aufgehalten werde; und auf dieſe Art mus auch,
das Kinn, mit der Zange und den vordern Fin‐
gern immer hin und wieder gedrehet werden, bis
es unter die Schambeine heruntergebracht worden
iſt. Alsdan kan der Kopf ohne Mühe, nach der
24. Tafel herausgezogen werden.

Wenn der Kopf, ehe man ſich noch um Hilfe
umgeſehen hat, ſich ſo tief in das Becken einpreſſte
hat, daß es unmöglich iſt, das Kinn vom Heili‐
genbeine hinweg nach dem Hüftbeine zu bewegen,
oder das Kind mit der Zange zu holen und ihm
ſomit das Leben zu erhalten: ſo mus der Geburts‐
helfer, ſo lange die Frau nicht in Geſar des Le‐
bens, oder keine Gewisheit vom Tode des Kindes
vorhanden iſt, gedultig noch eine Zeitlang zuſehen.
Sobald aber jene ſich in der mindeſten gefardrohen‐
den Lage befindet, ſo mus der Kopf mit dem Ha‐
ken geholet werden.

Was die Lage der Gebärenden bei Anlegung
der Zange anbelangt, ſo iſt dieſe, wenn die Ohren

an

an den Seiten des Beckens ligen, so wie bereits in
der 24. Tafel angemerkt worden ist, am leichtesten
einzubringen, wenn die Frau auf dem Rücken,
und ihr Hinteres über der Seite des Betes ligt;
allein wenn das Ohr an den Schambeinen, oder
der Weichengegend aufsteht, so ists besser, sie lige
auf ihrer Seite, so wie in jenen angeführten Fällen, wo der Scheitel vorlag.

Siehe: die 24. Tafel in Rücksicht der Beschreibung der Theile und der Zitazionen. So
auch die 39. Tafel, wegen der Art des Gebrauches des Hakens.

Die

Plate XXVII.

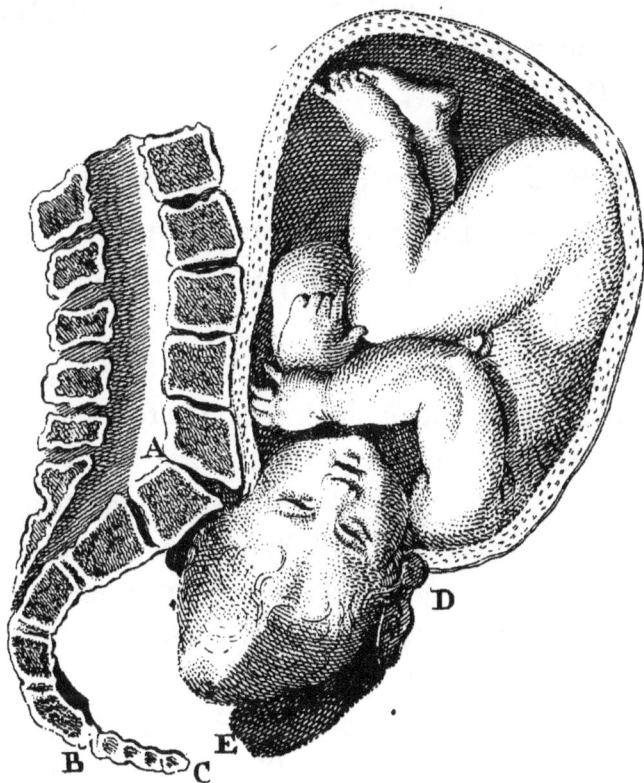

Leizel sc.

Die siben und zwanzigste Kupfertafel

Gibt eine innere Seitenansicht eines ver-
schrenkten Beckens, das der Länge nach
abgetheilet wurde; nebst dem Kopfe eines
sibenmonatlichen Kindes im Durchgang
durch dasselbe. Man vergleiche damit die
Erklärung der 3. Tafel.

A. B. C. Das Heilige- und Schwanzbein.

D. Das Schambein der linken Seite.

E. Der knorpelichte Knopf des Hüftbeines.

Der Kopf des Kindes wird hier, ob er gleich
klein ist, doch mit Mühe in das Becken hinunter
gepresset, und verändert, ehe er durch dasselbe gehen kan, seine runde Gestalt in eine länglichte;
denn jenes ist in dem Zwischenraume des obern
Theiles des Heiligenbeines und Schambeines nur
zwei und einen Viertel Zoll lang. Wenn der Kopf
bald entbunden wird, so kan das Kind bei Leben
bleiben; bleibt er aber mehrere Stunden lang in
dieser Lage, so ist es in Gesar umzukommen,
und zwar vermöge des lange zu erleidenden Druckes
auf das Gehirn. Diesem nun vorzubeugen, mus
man dem Kopfe, wenn die Wehen nicht stark genug sind, mit der Zange, nach der 16. Tafel,

E 4   her-

herunterhelfen (*). Diese Figur mag als ein Beispiel des höchsten Grades von Verkrümmung des Beckens dienen. Zwischen diesem und einem noch Gutgestalteten gibt es noch Mitelgrade in deren Rückſicht die Schwierigkeit der Entbindung zu, oder abnehmen mus, ſo wie ſich das misgeſtaltete Becken zum Kopfe des Kindes mehr oder weniger ungleich verhält. Alle dieſe Fälle erfordern die gröste Vorsicht, Mutter und Kind sowol zu ſchonen, als zu erhalten.

Siehe: 1. Band. 3. Buch, 2. Kap. 3. Abſchn. 5. Nr. 3. Kap. 4. Abſchn. 3. Nr. 2. Band, 21. Saml. 1. Nr. und 29. Saml.

(*) Wenn nun aber die Hilfe der Zange felſchlägt, und das iſt bei dieſer Enge des Beckens gar wol möglich: ſol man die Sigaultſche Operazion vornehmen? Die Antwort auf dieſe Frage wird ſich aus beikommender Abhandlung ermeſſen laſſen.

Die

Plate XXVIII.

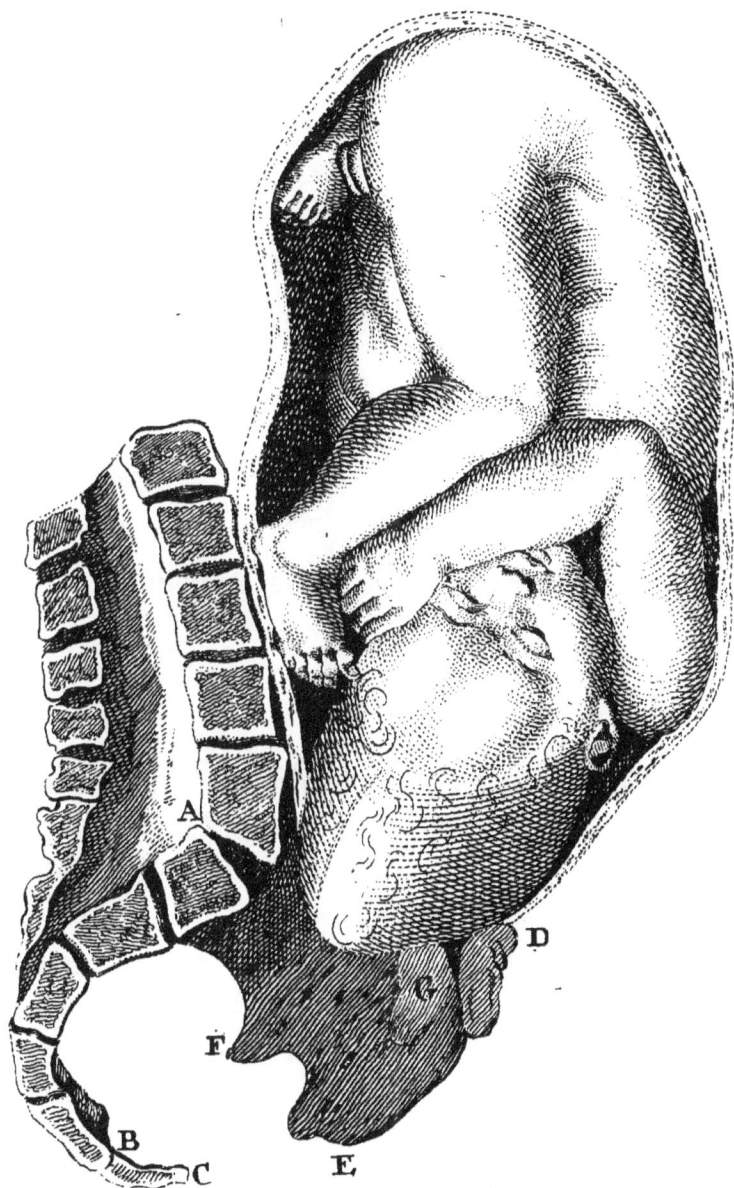

Leizel sc.

Die achte und zwanzigste Kupfertafel

Stelt den Seitenanblick eines verkrümten Beckens, nach der vorigen Tafel, so wie auch den Kopf eines ausgetragenen Kindes, das in den Rand desselben gepresset worden ist, dar. Die Seitenknochen gehen übereinander, und sind in eine kegelförmige Gestalt gedrücket.

A. B. C. Das Heilige= und Schwanzbein.

D. Das Schambein der linken Seite.

E. Der knorpelichte Knopf des Hüftbeines.

F. Der spize Fortsaz.

G. Das grose Beckenloch.

Diese Tafel gibt die Unmöglichkeit der Erhaltung des Kindes in einem solchen Falle, zu erkennen, wenn man die gefärliche Operazion des Kaiserschnites ausnimt. Dieser sol aber schlechterdings niemals vorgenommen werden, es sei dann, daß jede andere Bemühung, das Kind zu befreien, unzulänglich geworden ist (*). Selbst dann auch, wenn in

E 5 die=

(*) Und wenn alle übrige Mitel der Kunst versagt haben; so sind die Kräfte schon so gesunken, der Körper so erschütert, daß er nach aller Warscheinlichkeit, fast getrauen wir

d'efem Falle noch der obere Theil des Kopfes in einen Klumpen zufammengedrückt und die Knochen herausgezogen worden, mus man alle Mühe anwenden, die Knochen des Geſichtes und des übrigen Körpers des Kindes ſicher herauszuholen.

Siehe: 1. Band. 3. Buch, 3. Kap. 7. Abſchn. 5. Kap. 3. Abſchn. und 3. Band. 31. 39. Saml.

---

wir uns zu ſagen: Gewißheit, einer ſo grauenvollen Operation unterligen muß.

Die

Plate **XXIX**,

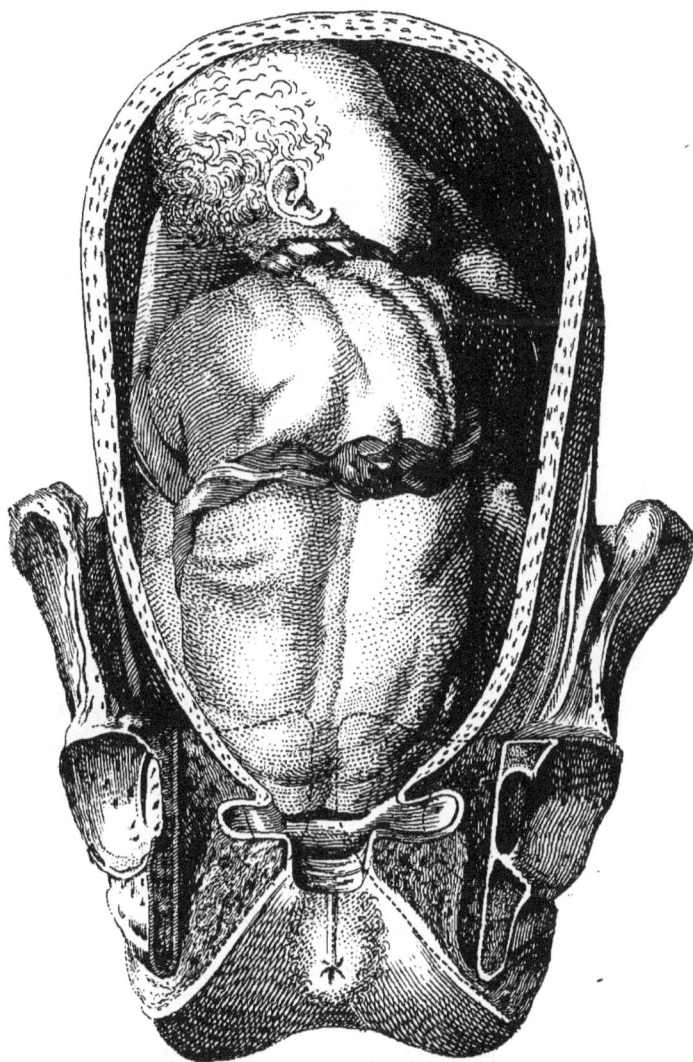

Leizel sc.

Die neun und zwanzigste Kupfertafel.

Diese Vorderansicht des Beckens stelt den vor=
liegenden Hintern, und den dadurch er=
weiterten Muttermund, nach zu schnel
gebrochenen Häuten vor. Die vordern
Theile des Kindes ligen auf dem hintern
Theile der Gebärmutter, und die Na=
belschnur macht einen Knoten und um=
schlingt den Hals, den Arm und den
Leib.

Bald darauf, als diese und die folgende Ta=
feln gestochen waren, zeigte mir Dokt. Kelly eine
von ihm geöfnete Gebärmutter, in welcher der
Hintere des Kindes vorlag, und der Körper eben
die Lage hate, wie derjenige, welcher in der 9.
Tafel vorgestelt worden ist, wol verstanden, daß
in dieser Figur der Hintere unterwärts in dem
Becken, und der Kopf aufwärts im Gebärmutter=
grunde stund. Ich habe es einigemale in derglei=
chen Fällen gefület, daß, (wenn die Wehen be=
reits angefangen haten, und der Hintere noch
nicht ins Becken getreten war;) die eine Hüfte
des Kindes auf dem Heiligenbeine, die andere
aber auf dem Schambeine ruhete, und die heim=
lichen Theile nach der einen Seite gewant waren.
Sie könten nun nicht eher tiefer heruntertreten, bis

sich

ſich das Geſäs nach den Seiten und nach den
weitern Theilen des Randes des Beckens, die
geheimen Theile aber, wie die Tafel anzeiget, nach
dem Heiligenbeine gedrehet haben; oder nach der
folgenden Tafel jezuweilen auch nach dem Schosbeine. Sobald als der Hintere in die Tiefe der
Beckenhöle getreten iſt, ſo gerahten die Hüften
wieder in ihre vorige Lage, und die eine ſchiebt ſich
unter dem Schambeine, die andere an den hintern
Theilen des Einganges, der Scheide herunter.

Es iſt wol zu merken, daß das Kind, wenn
es nicht zu gros, oder das Becken zu enge iſt,
in dieſem angezeigten Falle, oft durch die Wehen
noch lebendig geboren wird; wenn es aber zu lange im untern Theile des Beckens ſtehen bleibt: ſo
wird, vermöge des beſtändigen Druckes, den die
Nabelſchnur erleidet, der Blutumlauf gehemt, und
das Kind verliert dadurch ſein Leben. In den mei-
ſten Fällen, wo das Hintere vorligt, mus man die
Wirkung der Wehen erſt abwarten, bis ſie wenig-
ſtens den innern Muttermund, und die Scheide
volkommen erweitert haben, wenn eben dieſe von
den Waſſern und Häuten nicht genugſam ausgedehnt worden ſeyn ſolten. Wärend daß der Hintere fortrücket, ſol zu gleicher Zeit die Oefnung
der Scheide bei jeder Wehe mäſig erweitert werden,

den, damit ein oder zwei Finger jeder Hand
Raum gewinnen, in die Aussenseite jeder Weiche
des Kindes hineinzukommen, die Entbindung dadurch zu befördern, wenn das Gesäse in den untern Theil der Scheide fortgerücket ist. Wenn
nun aber das Kind gröser, oder das Becken enger
als gewönlich wäre, und nach manchen wiederhol-
ten Wehen und nach geräumer Zeit der Hintere dennoch nicht in das Becken hinunter getriben worden
ist, die Kräfte auch izt die Gebärende verlassen:
so mus der Geburtshelfer algemach die Theile erweitern, seine Hand in die Scheide bringen, den
Hintern des Kindes in die Höhe schieben, die Füse und Schenkel fässen und herunter ziehen. Gesezt, daß nun aber die Gebärmutter sich dergestalt
zusammengezogen häte, daß die Füse auf diese Art
nicht heruntergebracht werden können: so mus das
gröfere Ende des stumpfen Hackens, nach der 37.
Tafel, eingebracht werden. Sobald nun der Hintere, oder die Füse herausgekommen sind, so mus
auch der Leib und Kopf, so wie in der nächsten
Tafel gesaget werden wird, geholet werden; und
hier ist keine Nohtwendigkeit vorhanden, die Lage
des Kindeskörpers vorerst zu ändern.

Siehe: 1. Band. 3. Buch. 4. Kap. 1. 2.
Abschn. 3. Band. 32. Saml.

Die

Die Beschreibung der Theile dieser und der folgenden Tafel, ist eben dieselbe der zwei und zwanzigsten; ausgenommen, daß die punktirten Linien der vorligenden Tafel, die Gegend der Schambeine beschreiben, und die vordern Theile der Hüftbeine, welche weggenommen wurden. Diese Tafel kan also in dieser Rücksicht als ein Beispiel, stat aller andern Vordervorstellungen des Beckens dienen, wo sie nicht, ohne die Zeichnung zu verunstalten, so gut häten angebracht werden können.

Die

Plate XXX.

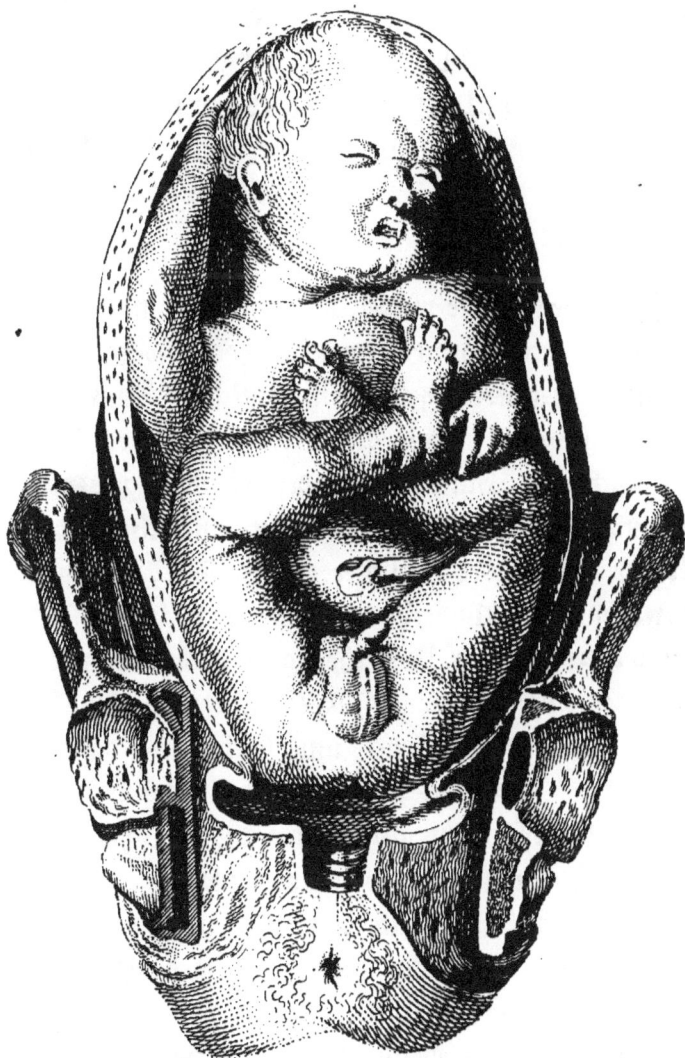

Die dreißigste Kupfertafel

Zeigt, nach der gleichen Ansicht und in gleicher Rücksicht, wie die vorige, den vorligenden Hintern des Kindes, mit dem Un-
terschiede, daß die Vordertheile des Kindes nach dem Vordertheile der Gebärmutter gerichtet sind.

In diesem Falle müssen die Füse, wenn erst der
ganze vorligende Hintere zurückgeschoben worden ist,
gefasset, herausgezogen, ein weiches Tuch um
dieselbe gewickelt, und die Vordertheile des Kindes nach den Hintertheilen der Mutter gewendet
werden. Wenn zu gleicher Zeit eine Wehe den
Körper des Kindes herunter pressen solte, so mus
er wärend des Umdrehens wieder aufwärts geschoben werden. Dies Umdrehen geht leichter von sta-
ten, wenn der Leib des Kindes sich im Becken befindet, als wenn Brust und Schültern dasselbe
ausfüllen. Und da jezuweilen das Gesicht und
der Vorderkopf mehr gegen eine der Weichen hin-
stehen, so bringt eine Vierteldrehung diese Theile
am besten auf die Seite des Beckens und etwas
hinterwärts. Ist dies geschehen, so bringt man
auch den Körper zur Welt. Wenn das Kind nicht
gros ist, so wäre es unnöhtig die Arme zu lösen.
Der Kopf kan so geholet werden, daß man die

Schul-

Schultern und den Leib des Kindes rückwärts ge=
gen das Mitelfleisch drücket, und, indes das Kinn
und das Gesicht innerhalb der Scheide sich befindet,
zieht man das Hinterhaupt unter der Schamgegend
nach Deventers Methode hervor. Oder aber der
Geburtshelfer kan einen oder zwei Finger in den
Mund, oder in beide Nasenlöcher des Kindes brin=
gen, auf dem nehmlichen Arm den Leib des Kin=
des ruhen lassen, zwei Finger der andern Hand
auf die Schultern und an jede Seite des Halses
anlegen, und solchergestalt den Körper unter den
Schambeinen hervorschieben, und das Gesicht nebst
dem Vorderkopf in einer aufwärtsgerichteten halb=
kreisförmigen Bewegung aus dem untern Theile
des Eingangs der Scheide hervorziehen. Alles das
läst sich leicht thun, wenn die Gebärende auf der
Seite ligt. Wenn aber das Kind gros, und das
Becken enge ist: so wird es besser seyn dieselbe auf
den Rücken zu legen, wie in der 24. Tafel ange=
zeiget worden ist. Nachdem die Füse und der Leib
so weit als die Schultern herausgezogen worden
sind, so müsen die Aerme vorsichtig gelöset, und
der Kopf heruntergezogen werden. Wenn die Frau
heftige Wehen hat, und aus dem Pulsschlage der
Arterien der Nabelschnur, oder aus den sträuben=
den Bewegungen des Kindes, für gewis erhellet,
daß das Kind noch bei Leben sei: so mus man mit

Gedult

Gedult die Beihilfe der Wehen abwarten. Wenn
aber diese und die Hand unzureichend sind, die Arterien der Nabelschnur imer schwächer schlagen, das
Kind nicht mit dem ganzen Hintern gebracht werden
kan: so mus derselbe aufwärts geschoben, und die
Kreisende, wenn der Widerstand der Gebärmutter
so gros ist, daß das Lösen der Füse unausführbar
ist, sich auf die Knie und die Elnbögen aufstüzen.
Hat diese Lage so viel Nuzen geschaft, daß die
Füse herausgezogen werden konten, so kän sich die
Mutter, im Fall der Noht, wieder auf den Rücken legen, damit der Leib und Kopf, wie bereits
angeführet wurde, ungehindert befreiet werden möge.

Wenn nun aber der Kopf mancher Bemühungen
ungeachtet, weil der Hals zu sehr angezogen wird,
nicht befreiet werden kän, ohne das Kind in Gefar zu sezen: so mus die langgebogene Zange, so
wie in der 35. Tafel angeleget werden. Schlägt
auch dieser Versuch fel, die Pazientin ist aber in
keiner Gefar: so ist es erlaubt, noch einige Zeit
lang die Wirkungen der Wehen abzuwarten. Gesezt aber, daß endlich auch diese unwirksam wären,
so mus man sich des in der 39. Tafel abgebildeten
Hackens bedienen, wenn man dabei gewis weis, daß
das Kind tod, oder keine Möglichkeit vorhanden
ist, es beim Leben zu erhälten.

F   Die

Die ein und dreißigste Kupfertafel

Stelt das Becken von vorne, und das durch
die Zusammenziehung der Gebärmutter
in eine runde Gestalt zusammengedrückte
Kind dar. Die vordern Theile des leztern sind gegen den untern Theil des erstern gekehrt; und eine Hand und ein
Fus in der Scheide herunter gefallen.
In dieser Figur ist der vordere Theil des
Beckens, indem die grosen eirunden Be-
ckenlöcher in der Mite der Länge nach
durchschniten worden sind, hinweggenommen worden.

A A. Die obern Theile der Hüftbeine.

B B. Die Gebärmutter.

G. G. Der erweiterte Muttermund, der tief in
der Scheide ligt.

D. Der untere und hintere Theil des Einganges
in die Scheide.

E E E. Der Rest der Scham und Hüftbeine.

F F F. Die Fethaut.

Diese

Plate XXXI.

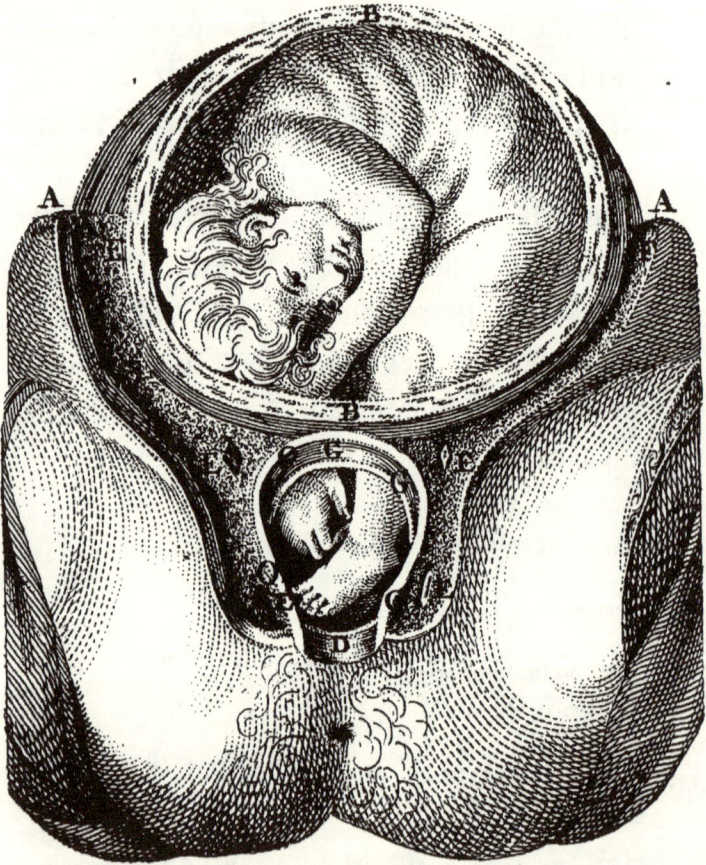

Leizel sc.

Diese und die drei folgenden Tafeln, stellen vier widernatürliche Lägen des Kindes in der Gebärmutter, auf verschidene Weise vor, und können zu Beispilen dienen, wie sowol in diesen als in allen übrigen widernatürlichen Fällen die Geburt vollendet werden mus.

In allen widernatürlichen Fällen kan das Kind leicht mit den Füsen gewendet und entbunden werden, wenn vorher bekant ist, daß die Häute gebrochen, und die Wasser gesprungen sind. Oder, wenn das Becken enge und die Gebärende stark ist: so kan der Kopf, im Falle er gros wäre, eben so, wie wenn er in natürlichen Fällen vorligt, herunter geholet werden. Gesezt, daß nun aber alle Wasser schon ausgeflossen wären, und sich die Gebärmutter fest um den Körper des Kindes geschlossen häte, so findet die lezte Methode selten stat, weil nehmlich die Gebärmutter zu stark auf den Körper des Kindes drückt, und sein Kopf alzuschlüpfrig ist.

Im gegenwärtigen Falle kan die Frau entweder auf dem Rücken, oder auch auf einer Seite ligen, wie bereits in der 16. und 24. Tafel gesaget worden ist; und der Geburtshelfer mus mit seinen Fingern ganz langsam die Oefnung der Scheide erweitern, sie sodann selbst in dieselbe bringen, und die vorligenden Theile des Kindes in die Gebärmut-

bärmutter zurückeschieben; oder aber, wenn es der
Raum verstatet, den innern Muttermund, im Falle
er von den vorhergebrochenen Häuten und Wassern
nicht genugsam ausgespant worden wäre, mit der
eingebrachten Hand erweitern. Ist dies geschehen,
so mus er die Hand in die Gebärmutter selbst bringen, um sich von der Lage des Kindes zu unter-
richten; und, weil der Hintere des Kindes etwas
tiefer ligt, als der Kopf, einen Schenkel aufsu-
chen, und demnächst beide Beine aus der Oefnung
der Scheide hervorziehen. Er mus sie sodan mit einem feinen Tuche umwickeln, sie mit der einen
Hand festhalten, die andere indessen in die Gebärmutter einbringen, den Kopf des Kindes in die
Höhe drücken, mitlerweile er mit der Hand, welche
die Beine fest hält, Füse und Schenkel vollends
herausziehet. Wenn der Kopf in die Höhe gebracht worden, und nicht wieder herunter gefallen
ist, so mag der Geburtshelfer seine Hand aus der
Gebärmutter wieder zurückeziehen, und die Entbindung, so wie in den beiden vorhergehenden Tafeln
vorgeschriben wird, vollenden. Durch die kunst-
lose Art einen oder beide Füse anzufassen, und
hervorzuziehen, geht auch der Hintere ordentlich herunter, und der Kopf steigt in den Grund der
Gebärmutter. Gelingt dieses aber nicht recht: so
ist zu befürchten, das Kind möchte bei zu heftiger

An-

Anſpannung oder übermäſigem Anziehen, Noht
leiden. Wenn die Häute gebrochen ſind, ehe ſich
der Muttermund weit genug eröfnet hat, und die
Hand des Geburtshelfers alſo nicht durch denſelben
gebracht werden kan, welches jezuweilen der Fall
bei einer Erſtgebärenden iſt: ſo laſſe man die Theile des Kindes imer weiter ſich ſelbſt fortſchieben;
denn dadurch gibt die Härte des Muttermundes
von ſelbſt mehr und mehr nach, und erweitert ſich.

Siehe: 1. und 3. Band, von widernatürlichen
Geburten.

　　　　　Die

Die zwei und dreiſigſte Kupfertafel

Stelt das Kind in der entgegengeſezten Lage
und doch nach eben der Anſicht, wie in
der vorigen, dar; der Hintere und die
Vordertheile ligen im Grunde der Ge=
bärmutter, der linke Arm in der Schei=
de, der Vorderarm auſerhalb der Oefnung
der Scheide, die Schultern preſſen auf
den Muttermund.

In dieſem Falle mus der Geburtshelfer ſeine
Finger zwiſchen dem hintern Theile der Scheide
und dem Arme des Kindes einbringen, damit er
die Schultern hinaufſchieben und Raum gewinnen
kan, ſeine Hand in die Gebärmutter zu bringen,
und die Lage des Kindes zu unterſcheiden. Hat er
ſich dieſe bekant gemacht: ſo mus er die Schultern
in denjenigen Theil der Gebärmutter hinaufdrücken,
in welchem der Kopf liget, damit auch ſelbſt dieſer
tiefer in den Muttergrund hinaufgetriben werde.
Wenn ſich der Körper des Kindes nicht herum be=
weget, und dadurch in eine vortheilhaftere Lage
gebracht wird, um die Füſe füglich herauszuho=
len: ſo mus der Geburtshelfer ſeine Hand immer
höher hinaufbringen, die Lage des Kindes genau
auskundſchaften, die Füſe ergreifen, und ſie ſo weit
als

Plate XXXII.

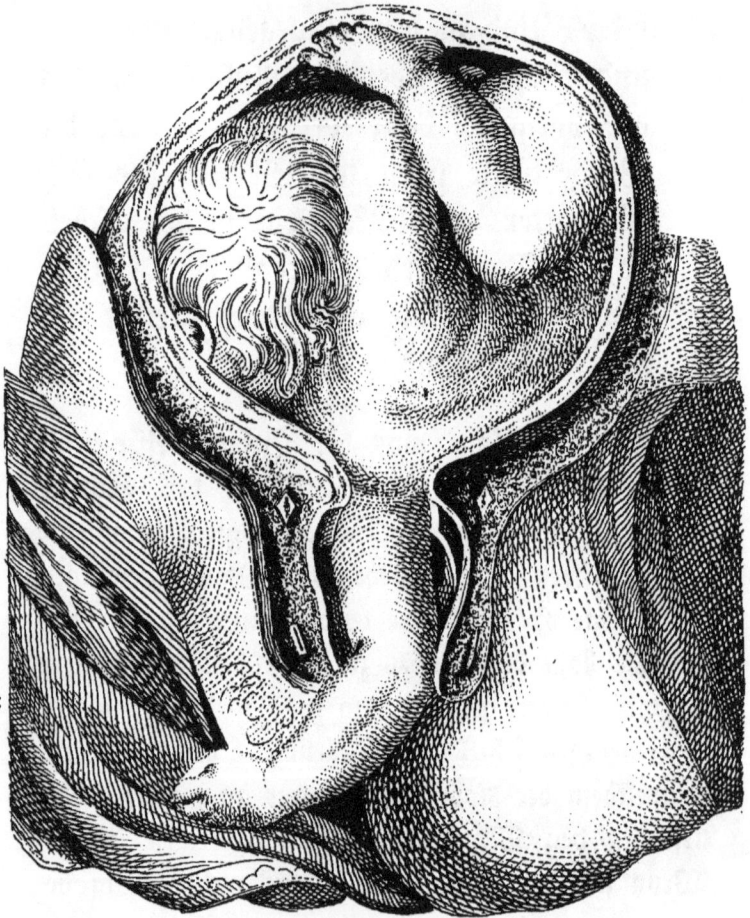

als möglich ist, herauszieben. Wenn nun auch
dadurch in der Lage nichts verändert würde: so
müsen die Schultern aufwärts gedrücket, und die
Schenkel heruntergezogen werden; und das wech-
selsweise so lange, bis sie endlich in die Scheide
hinein, oder gar durch die Oefnung derselben her-
auskommen. Zulezt wird die Entbindung, wie im
vorigen Falle, vollendet.

Wenn die Füse nicht tiefer als in die Scheide
herabgebracht werden können: so mus man um beide
Fusknöchel eine Schlinge anlegen, mit der man die
Beine herunter zu bringen pflegt, indem man nehmlich mit der einen Hand die Schlinge an sich zieht,
mitlerweile die andere, welche in die Gebärmutter
gebracht werden mus, Kopf und Schultern in die
Höhe drückt. Vermöge dieser gedopelten Kraft
wird die Lage des Kindes verändert, und die Entbindung zu Stande gebracht. So wie die Schultern in diesen Fällen in den Grund steigen: so gehet
auch gewönlich der Arm wieder in die Gebärmutter
zurücke. Allein, wenn derselbe so geschwollen ist,
daß er die Einbringung der Hand des Geburtshelfers hindert, sich selbst nicht biegen oder in die
Gebärmutter zurücke drücken läst: so mus er an
der Schulter oder am Elnbogen abgenommen werden, damit die Mutter bald entbunden, und beim

F 4   Leben

Leben erhalten werden möge (*). Wenn beide
Aerme vorfallen, welches sich ereignet, wenn die
Brust vorligt: so befolge man die oben beschriebenen
Methoden.

Man

(*) Wir sind überzeugt, daß Smellie nicht so gerade zu
das Abschneiden des vorgefallenen geschwollenen Armes,
um den sich der Muttermund fest zusammengezogen hat,
vorgenommen wissen wil. Denn er gehört, wie aus vielen
Stellen seiner vortreflichen Schriften zu ersehen ist, unter diejenige Zal gewissenhafter Geburtshelfer, welche
nicht gleich, wenn irgend eine Geburt die Hilfe der Hand
zu versagen scheinet, ohne alle Ueberlegung, ohne alle
fernere Versuche, welche Menschengefül und Gewissen-
haftigkeit darbieten, zu dem Messer ihre Zuflucht nehmen.
Es ist eine traurige Wahrheit, wovon wir zeugen können,
daß es immer noch Geburtshelfer gibt, die aus Mangel
an Einsicht und an Talenten, die der Geburtshilfe eigen-
thümlich sind, eine Kunst mit unheiligen Händen enteh-
ren, bei der die Erhaltung des Lebens einer und zweier
Menschen Endzweck ist. Diesen müssen wir hier den
Raht geben, Smellie in dieser Stelle nicht zum Gewärs-
manne grausamer Unternehmungen zu machen. Sein Gedanke komt gewis in diesem Falle dem unsrigen bei, alle
Mitel erst zu versuchen, welche theils den Muttermund
erweitern, theils die Geschwulst des vorgefallenen Armes
vermindern können. In Absicht des erstern ist ein Krampf
Ursache der Zusammenziehung. Die Umstände werden also
den klugen Geburtshelfer bestimmen, ob Mohnsaft, ob
ein Klistier, ob eine Aderlässe dieselbe hinwegnehmen werden, wenn gleich die Veranlassung dieses Krampfes selbst
in der Gebärmutter ligt. Was das Andere betrift: so
werden Bähungen des Armes, erweichende Dämpfe, die
man in die Scheide steigen läst, nicht fruchtlos seyn, und
die

Man sehe die Erläuterungen und Erklärungen
der vorigen Tafel, zur Beleuchtung dieser und der
folgenden.

F 5   Die

die vorzunehmende Wendung beschleunigen. Grausam
bleibts immer, den Arm abzuschneiden, wenn das Kind
noch lebt. Allein auch, wie uns dünkt in jedem andern
Betracht unnüze und gefärlich, insbesondere, wenn eine
ungeschickte Hand die Operazion unternehmen wil. Wir
verweisen darüber die Leser auf die schöne 32. und 33.
Beobachtung aus der Samlung und den Beobachtungen
des Hr. Dokt. J. Ehrhart zu Memmingen. 8. 1773.
Frkf. und Leipz. Hat der Geburtshelfer Geduld: so wird
sie ihn nicht verlassen, und die Wendung ihn am Ende
seine Mühe belonen. Wir können nicht umhin, eine glückliche Erfarung des hiesigen Wundarztes und Geburtshelfers Hr. Michel beizusezen, welche uns in dem bestärkt
was wir eben gesagt haben. Er wird zu einer Baurenfrau
in Mirdingen, Namens Schmausin gerufen. Er fand,
daß sie bereits drei Tage mit der Geburt arbeitete, und daß
der rechte Arm des Kindes vorgefallen und stark geschwollen und der Muttermund fest um denselben zugeschnürt
war. Die Umstehenden, die nicht wusten was sie baten,
wünschten, an Operazionen dieser Art gewöhnt, mit kaltem
Blute, daß der Geburtshelfer den Arm nur abschneiden
möchte. Der Mann kehrte sich mit Recht an dies Begeh-
ren nicht, lies zur Ader, gab ein Klistier, und Sydens-
hams krampfstillende Tropfen. Und siehe in kurzer Zeit
liesen die Krämpfungen nach, der Muttermund erweiterte
sich, die Geschwulst des vorgefallenen Armes fiel, und die
Wendung retete ein Kind, das durch die Hand eines
Aftergeburtshelfers verstümmelt, oder vieleicht tod in
diese Welt gekommen wäre. S. M. Fr. Michel, Fälle aus
der Entbindungskunst. Augsburg, 1781. 8. Nr. 15.

Die drei und dreiſigſte Kupfertafel

Zeigt nach einer gleichen Vorſtellung des Be=
ckens, wie die vorige eine drite Lage des
Kindes, wenn es nehmlich in eine run=
de Geſtalt zuſammengedrückt iſt. Der
Bauch oder die Gegend des Nabels ligt
am innern Muttermunde auf; die Na=
belſchnur fält in die Scheide herunter,
und erſcheinet vor der Oefnung derſelben.

Die Entbindung wird in dieſem Falle auf die
gleiche Weiſe, wie in der vorſtehenden Tafel vor=
geſchriben worden iſt, vollendet; die Bruſt darf nur
aufwärts gedrücket, und die Füſe herunter gezogen
werden. Wenn der Bauch vorliget, dann findet
man minder Schwierigkeit die Füſe zu löſen, als
wenn die Bruſt vorliget, weil, wenn das erſte iſt, der
Kopf dem Grunde der Gebärmutter näher ligt, fol=
glich, die Füſe und Schenkel ſich tiefer unten befinden.
Wenn der Bauch oder die Bruſt in den tiefen Theil
des Beckens gepreſſet worden ſind, ſo geräht das
Kind wegen der Krümmung der Rückgratwirbelbeine
und wegen dem Drucke, den die Nerven in demſelben
erleiden, in groſe Gefar. Es erfordert auch ſo
viele Anſtrengung und Mühe, dieſe Theile auf=
wärts in die Gebärmutter zu bringen, um das
Kind bei den Füſen zu holen, daß es bisweilen
nöthig

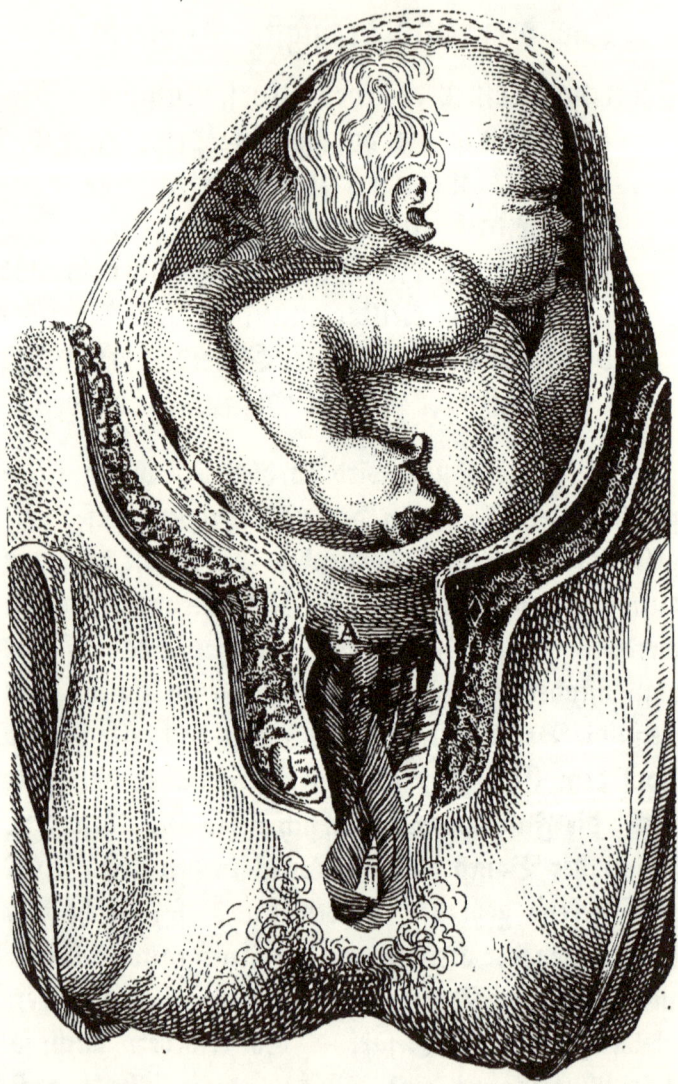

Plate XXXIII.

A

Leizel sc

nöhtig ist, die Gebärende auf die Knie und Ein-
bogen sich stüzen zu lassen, um wenigstens den
Widerstand der Bauchmuskeln zu heben.

Wenn die Nabelschnur durch die Oefnung der
Scheide vorgefallen, und noch die Bewegung der
Schlagadern an derselben zu fülen ist: so mus sie
augenblicklich wieder in die Scheide hineingebracht
werden, um sie in derselben warm zu erhalten, und
eine Stockung des Blutumlaufes zu verhüten, die
erfolgen könte, wenn sie der kalten Luft ausgesezet
bliebe. Wenn die Nabelschnur auch alsdann her-
ausfält, wenn der Kopf vorliget, so ist das Kind
in Gefar des Lebens, wo es nicht eiligst durch
die Wehen entbunden, oder vermitels der Wendung geholet wird.

Siehe: der Erklärungen und Auslegungen wegen, die zwei vorigen Tafeln.

Die

Die vier und dreißigste Kupfertafel

Stelt nach der Seitenlage des Beckens, einen von den schwersten widernatürlichen Fällen dar. Die linke Schulter, Brust und Nacken des Kindes ligen vor; der Kopf biegt sich über den Schambeinen auf die rechte Schulter und den Rücken her- über; die Füse und der Hintere stehen an dem Gebärmuttergrunde auf; und die Gebärmutter zieht sich zu gleicher Zeit in Gestalt eines Beutels um den Kör- per des Kindes zusammen.

A. B. C. Das Heilige- und Schwanzbein.

D. Das Schosbein der linken Seite.

E. Ein Theil der Harnblase.

F. Der Mastdarm.

H. I. K. Die geheimen Theile.

L. Der Ausgang des Mastdarmes.

M. N. Das Mitelfleisch.

V. Der Uringang.

O. Der sich noch nicht geöfnete und hinterwärts gegen den Mastdarm und das Schwanzbein hinneigende Muttermund.

R. S.

Plate XXXIV.

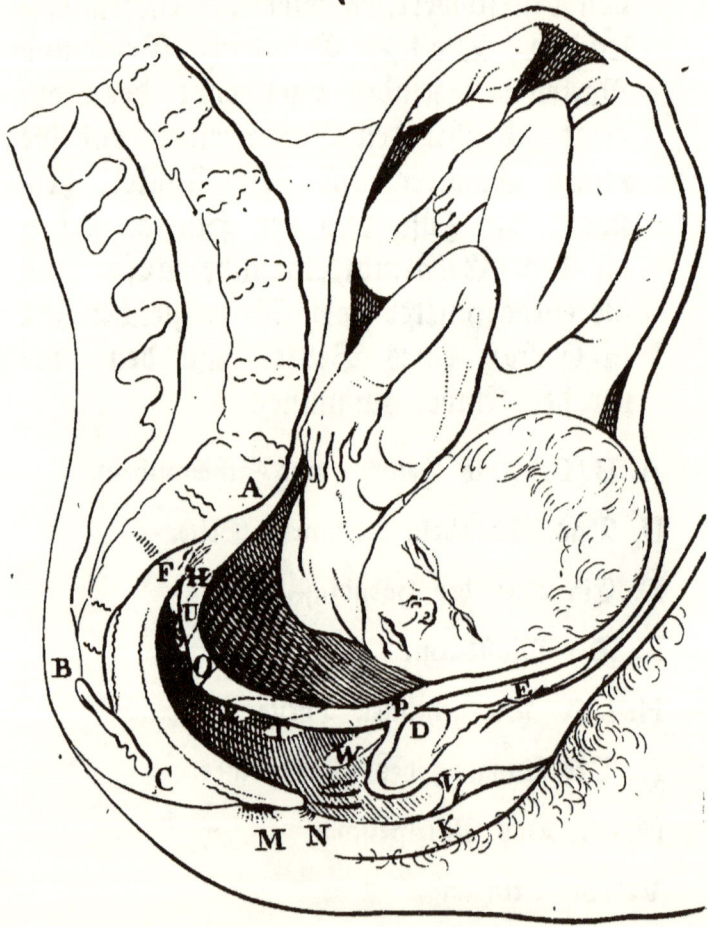

Leizel sc.

R. S. Der nehmliche mit punktirten Linien bezeichnet, wenn er zur Zeit des Anfangs der
Wehen sich öfnet.

T. V. Eben derselbe, viel erweiterter, und den
hintern Theile des Beckens näher als dem
Vordern.

W. P. Der nehmliche am Vordertheile nicht
völlig ausgedehnet, ob er sich schon am hintern Theile ganz verloren hat; die Scheide
und die Gebärmutter machen jezuweilen nur
eine gleiche Oberfläche aus.

Daraus erhellet, warum der Vordertheil des
Muttermundes meistentheils vor den Kopf des Kindes gegen die Schamgegend hingedrücket wird.
Wenn dieser Umstand dem Fortgange der Geburt
hinderlich ist: so räumt man dies Hindernis dadurch
aus dem Wege, daß man ihn mit einem oder zwei
Fingern zwischen dem Kopfe und dem leztgedachten Theile zum Abglitschen bringt. Siehe: die
9. 10. 11. 12. 13. Tafeln.

Die Art der Entbindung bei der Lage des Kindes, wie sie in dieser Tafel abgebildet ist, beste-
het in der Bemühung, den vorligenden Theil mit
der Hand hinaufzudrücken, damit der Kopf nach
dem Grunde der Gebärmutter steige. Wenn die
starke

starke Zusammenziehung der Gebärmutter dieses
unmöglich machet: so mus der Geburtshelfer seine
Hand langsam und vorsichtig längst der Brust und
dem Bauche des Kindes hinaufschiben, um an
die Schenkel und Füse zu gelangen; diese sodan
anzufassen, und so weit es die Lage des Kindes
erlauben wird, herauszuziehen. Der Körper wird
hierauf umgedrehet, indem man die untern Theile
aufwärts schibet, die obern hingegen unterwärts
ziehet, bis endlich die Füse aus der Oefnung der
Scheide herausgebracht und die Geburt nach der
31. Tafel volendet wird. Kan man aber die Füse
nicht herunterkrigen und können sie auserhalb der
Scheideöfnung nicht fest gehalten werden: so legt
man an die Knöchel derselben, so wie in der 32.
Tafel gesagt worden, eine Schlinge an.

Siehe: den 1. und 3. Band, der auch in der
31. Tafel angezeigt wurde.

Die

Plate XXXV.

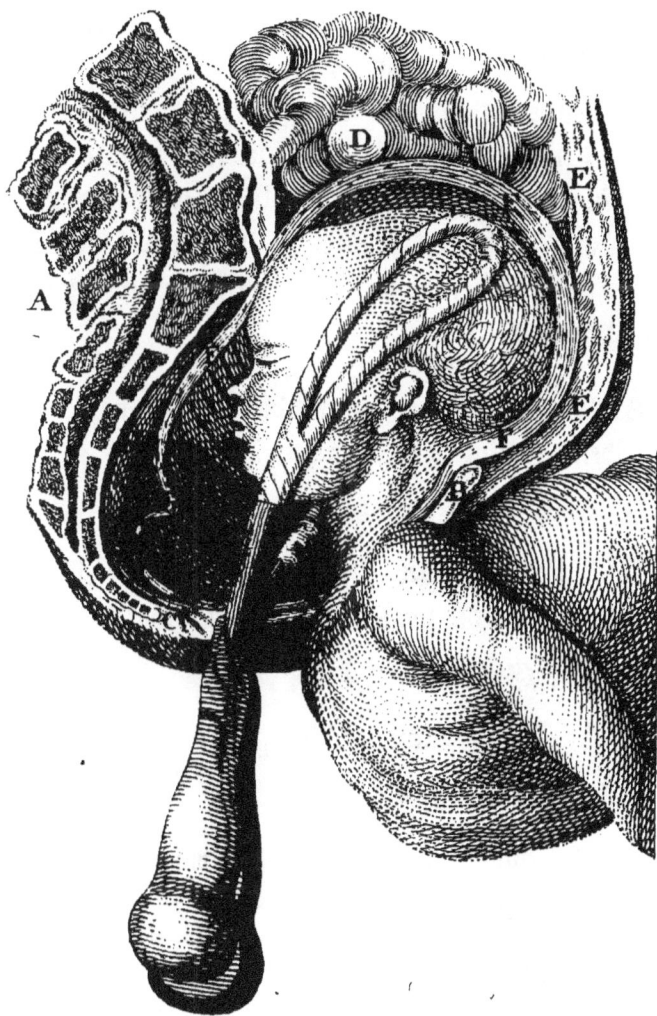

Leizel sc.

Die fünf und dreisigste Kupfertafel

Gibt in einem Seitendurchschnite des Beckens, Anleitung, wie man den Kopf des
Kindes mit der lang gebogenen Zange,
in widernatürlichen Fällen, wenn mit
den Händen nichts ausgerichtet werden
kan, befreien mus; so wie bereits in der
29. und 30. Tafel etwas davon gesagt
worden ist.

A. Die drei untersten Lendenwirbelbeine, nebst
dem Heiligen= und Schwanzbeine.

B. Das Schosbein der linken Seite.

C C. Das von der Zange zurückgedrückte Mitel=
fleisch und die zurückgedrückte Mastdarmöfnung.

D. Die Gedärme

E. E. Die Bauchmuskeln.

F. F. F. Die Gebärmutter.

G. Der hintere Theil des Muttermundes.

H. Der Mastdarm.

I. Die Scheide.

Wenn der Körper und die Arme des Kindes
gelöset, und die verschidenen Methoden den Kopf
mit

mit der Hand herunterzubringen, so wie in der vorigen Tafel angezeigt, und ausfürlicher im 1. und 3. Bande beschrieben worden ist, versucht wurden: so mus man, um das Kind bei dem Leben zu erhalten, da es sonst durch das Ueberziehen des Nackens und der Rückgratnerven verloren wäre, folgende Methode in Ausübung bringen: wenn die Gebärende nach der 24. Tafel auf dem Rücken liget, so sol einer von den Gehilfen den Körper und die Arme des Kindes aufwärts gegen den Bauch der Mutter halten, damit der Geburtshelfer mehr Raum gewinne und wenn er eine Hand auf das Gesicht des Kindes gebracht und dasselbe etwas von der Seite hinweg hinterwärts bewegt hat, die Zange mit leichterer Mühe längst den Seiten anlegen könne. Und nun schiebe er seine Hand nach einem von den Ohren hin, bringe mit der andern Hand das eine Blat der Zange zwischen jener und dem Kopfe hinein, so daß der eingebogene Theil des Blates nach dem Schosbeine, wie das Weitere aus der Tafel erhellet, hinsiehet. Ist dies geschehen, so sol die Hand wieder herausgezogen, und mit derselben die Hebe des Zangenblätes so lange gehalten werden, bis die andere Hand an die andere Seite des Kopfes gebracht worden ist. Auf diese Art wird der Kopf gegen das schon eingebrachte Blat der Zange gedrückt; folglich kan auch

dieses

dieſes nicht mehr abglitſchen. Mitlerweile bringt
die andere Hand, das andere Zangenblat an die
entgegengeſezte Seite ein. Sind beide Bläter auf
dieſe Weiſe eingebracht worden; ſo muß man ſich
wol fürſehen, daß bei dem Zuſammendrücken derſelben, nichts von der Scheide mit eingeklemt werde. Nachdem die Zange längſt den Seiten des
Kopfes feſt angeleget worden iſt, ſo muß das Geſicht und der Vorderkopf wieder nach der Seite
des Beckenrandes gedrehet werden, und ſo paſſet
hernach der breitere Theil des Kopfes in den breitern Theil des Beckens. Iſt auch dies geſchehen:
ſo zieht man mit verhältnismäſſig zunehmender
Kraft, die ſich nach dem Widerſtande der mehr
oder mindern Gröſe des Kopfes, oder Enge des
Beckens richtet, den Kopf langſam heraus. Wenn
der Vorderkopf tief genug herruntergebracht worden iſt, ſo muß er gleich in den holen Theil des
Heiligen- und Schwanzbeines umgewendet, die Heben der Zange aufwärts gehalten, und bei Aus-
ziehung des Kopfes durch die Oefnung der Scheide eben die Vorſicht beobachtet werden, deren ich
in der 19. und 30. Tafel Meldung gethan habe.

Auf dieſe Weiſe wird der Kopf befreiet, das
Leben des Kindes meiſtentheils erhalten, und der

Gebrauch des Hackens vermiden, ausgenommen in dem Falle, wo die Becken so enge sind, daß es schlechterdings unmöglich wäre, den Kopf zu befreien, ohne die Gröse desselben vermindern zu müssen.

Siehe: die 39. Tafel. So auch 1. Band. 3. Buch, 4. Kap. 5. Abschn. 3. Band. 34. 35. Saml.

Die

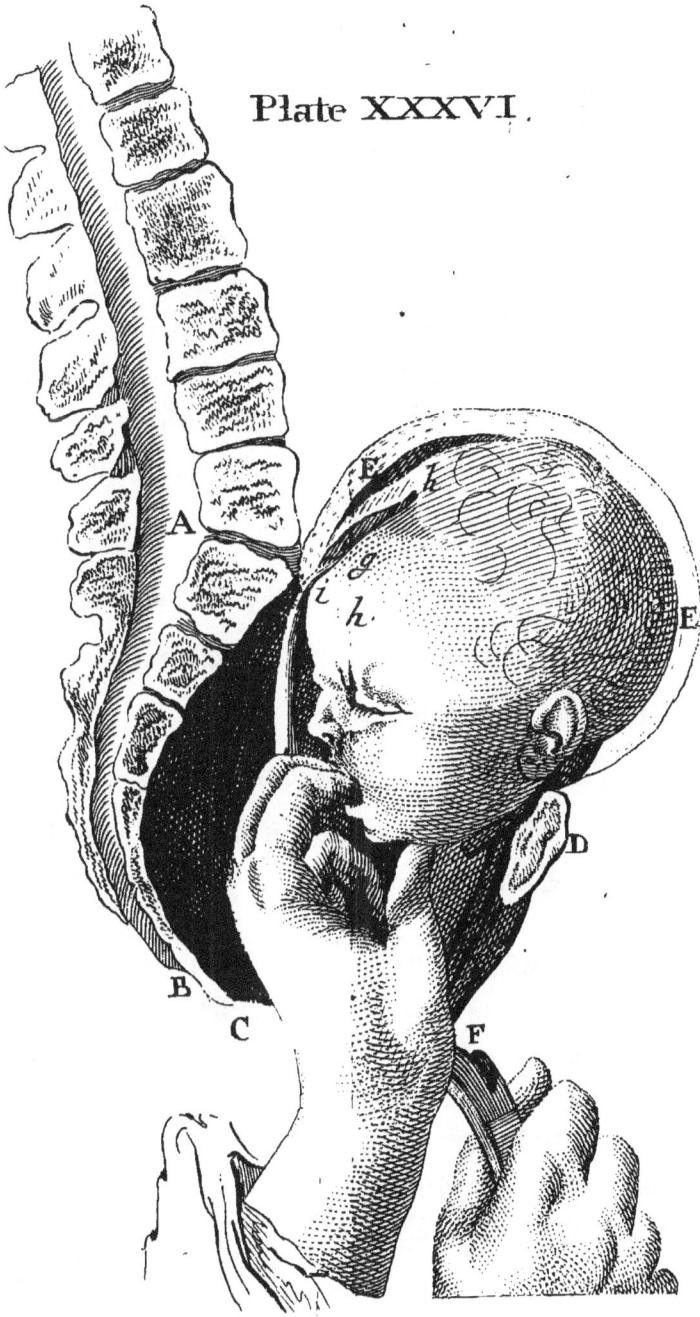

Plate XXXVI.

Leizel sc.

Die sechs und dreißigste Kupfertafel

Stelt in einem Seitenanblicke des Beckens
die Methode vor, wie der Kopf des Kindes mit Hilfe des gebogenen Hackens herausgezogen wird, wenn er nach volbrach-
ter Geburt des Leibes von diesem abge-
rissen oder abgeschniten worden und folglich in der Gebärmutter zurücke gebliben
wäre, entweder weil er zu gros oder das
Becken zu enge ist.

A. B. C. Das Heilige- und Schwanzbein.

D. Das Schosbein der linken Seite.

E. Die Gebärmutter.

F. Der schliessende Theil des Hackens.

g, h. i. Das spize Ende des Hackens innerhalb
der Hirnschale.

In diesem Falle, der sich ereignet, wenn der
Vorderkopf am Schosbeine aufstöst, oder das
Kind längst tod und dergestalt gemartert worden
ist, daß beides Leib und Unterkiefer unvorhergese-
hener Weise vom Kopfe getrent werden: ist die
lange oben gebogene Zange hinreichend den Kopf
herauszuziehen. Wenn dieser aber zu gros und

G 2   das

das Becken zu enge ist, und die Entbindung auf
obengedachte Weise nicht volendet werden kan, als:
dan mus der Kopf geöfnet werden, damit seine
Gröse vermindert, und er demnach leichter heraus:
gezogen werden könne.   Wenn die Gebärende sich
entweder auf ihren Rücken,   oder auf die Seite
nach der Erläuterung der 16. und 24. Tafel, ge:
leget hat, so mus der Geburtshelfer die linke Hand
in die Gebärmutter bringen,   den Vorderkopf des
Kindes nach der rechten Seite des Randes des
Beckens und etwas rückwärts,   das Kinn etwas
unterwärts schieben,   sodan müsen die flache Hand
und die Finger so hoch als die Fontanelle ligt, hin:
aufsteigen, der Daume und kleine Finger den Kopf
auf jeder Seite so fest wie möglich fassen, indessen
daß ein Gehilfe mit beiden Händen auf jede Sei:
te des Bauches der Gebärenden drücket,   um
die Gebärmutter fest in dem mitlern und un:
tern Theile desselben zu erhalten.   Ist dies ge:
schehen, und hat der Geburtshelfer mit seiner rech:
ten Hand den Hacken eingebracht, und ihn an den
Kopf gelegt, so daß der spize Theil desselben auf
dem Vorderkopfe und der gebogene auf dem Heili:
genbeine aufligt: so mus er längs der innern Seite
der linken Hand hoch bis an die Fontanelle hin:
auf gehen, hier oder nahe dabei, die Spize des
Hackens ansezen, die linke Hand aber immer in
gleis

gleicher Lage erhalten, bis er endlich mit der an=
dern vermitels der Spize des Instrumentes den
Hirnschedel durchboret, und eine lange Oefnung
von h. bis i. geschniten hat. Nach diesem hält er
den Hacken noch unbeweglich, und zieht die linke
Hand mit Behutsamkeit herunter, damit der Kopf
sich ja nicht wieder aus seiner vorigen Lage ver=
rücke; nebenbei wird der Kopf, durch den Hände=
druck der Gehilfen auf den Bauch tiefer herunter=
sinken. Nun bringe er die beiden Vorderfinger
der linken Hand in den Mund des Kindes, den
Daumen unter das Unterkifer, und die Hand über
die Klinge des Hackens. Wenn alles feste gehal=
ten wird, so kan der Geburtshelfer anfangen lang=
sam mit beiden Händen zu ziehen. Und da das
Gehirn durch das gemachte Loch auslaufet, so ver=
kleinert sich auch der Kopf, und geht eher fort.
Solte diese Methode wegen der Schlüpfrigkeit des
Kopfes felschlagen, oder dieser schon so knöchern
seyn, daß keine hinlängliche Oefnung gemacht wer=
den könte: so mus der Scheitel in den Rand des
Beckens herunter, und die Fontanelle hinterwärts
gewendet, und jede Blate der langen Zange längst
den Seiten des Kopfes angelegt werden, so daß
die gebogene Fläche gegen das Schosbein hinsiehet.
Wenn dieselbe nun zusammengeleget und geschlossen
worden sind; so bindet man die Handheben mit

G 3 einer

einer Schnur zusammen, damit sie unverrückt am
Kopfe ligen bleiben. Ein Gehilfe hält diese Hand=
heben rückwärts, bis der Hirnschedel genugsam mit
der in der 39. Tafel abgebildeten Schere eröfnet
worden ist. Hierauf zieht man ganz langsam den
Kopf heraus, dreht aber zuerst den Vorderkopf seit=
wärts nach dem Rande des Beckens. Sobald nun
das Gehirn ausgeflossen, und der Kopf tiefer her=
unter gekommen ist: so mus der Vorderkopf wie=
der in den holen Theil des Heiligenbeines gedrehet
und seine Befreiung nach der 16. Tafel vollendet
werden.

Diese Tafel dienet demnach als ein Beispiel,
wie man den Hacken an den Kopf festmachen
müse, selbst wenn der Körper nicht von ihm ge=
trennet ist, aber demungeachtet durch die Hand des
Geburtshelfers, oder mit der langen Zange, nach
der 29. und 35. Tafel, nicht gelöset werden kan.

Siehe: 1. Band. 3. Buch. 3. Kap. 7.
Abschn. 4. Kap. 5. Abschn. Auch 3. Band. 31.
36. Saml.

Die

Plate XXXVII.

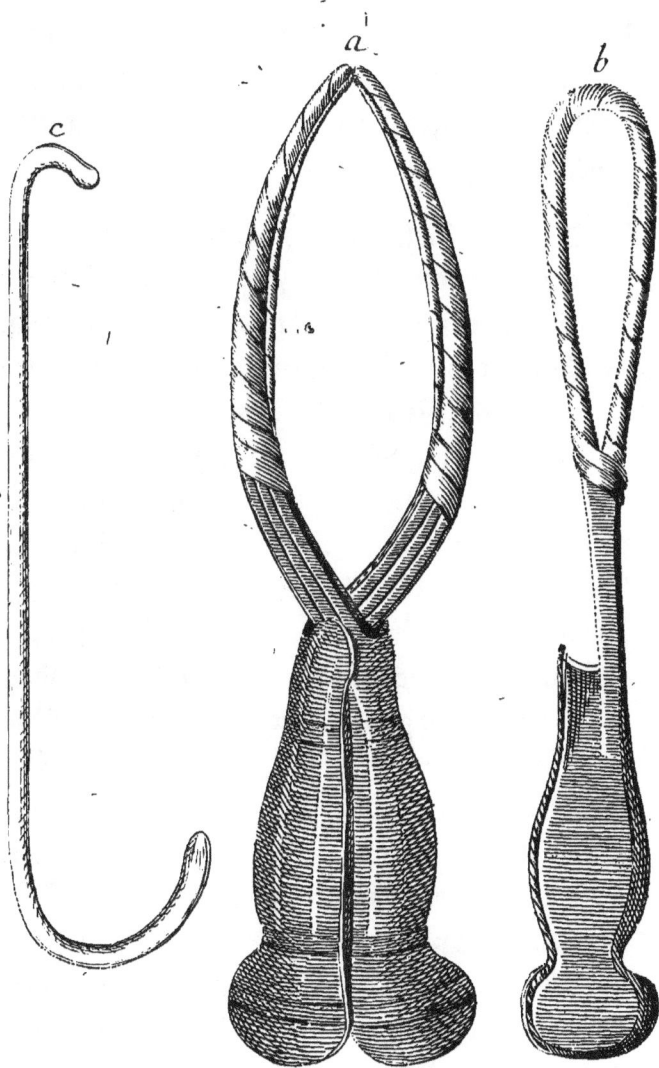

c

a

b

Deizel sc

Die siben und dreißigste Kupfertafel

Und die zwei folgenden stellen einige Arten
von Instrumenten vor, welche in schweren und gefärlichen Fällen gebraucht
werden.

A. Die enge kurze Zange, nach dem genauesten
Verhältnis der Weite zwischen den Klingen
und der Länge von ihren Spizen bis zum
Schlusse hin. Die Weite beträgt zwei, die
Länge sechs Zolle; welches, nebst fünf und
einem halben Zolle für die Länge der Handheben, insgesamt elf und einen halben Zoll
Länge ausmachet. Die Länge der Handheben kan nach Wilkür verändert werden. Ich
finde indessen in meiner Praktik, daß dies
Maas das schicklichste, und bei deinselben
die Einbringung der Zange mit weniger Un-
bequemlichkeit verknüpft ist, als wenn sie länger wäre, und daß sie auch Kraft genug
hat, in den meisten Fällen, wo ihre Hilfe
nöhtig ist, die Geburt zu volbringen. Die
Handheben und der unterste Theil der Klinge
können, wie hier, mit dauerhaftem Leder ge-
fütert, und die Klingen selbst mit einem feinen, dünnen Leder umgeben werden. Wenn
zu vermuhten steht, daß eine Person, bei der

G 4   man

man ſich derſelbigen bediente, mit der Luſt=
ſeuche behaftet geweſen ſei, ſo kan man die=
ſes Leder wegnehmen und ein anderes, reines
dafür annähen laſſen.. Die auf dieſe Wei=
ſe bedeckte Zange, hat einen beſſern Halt,
und läst weniger Eindrücke am Kopfe des
Kindes zurücke. Damit man ſie noch leichter
einbringen möge; ſo beſchmiere man die Blä=
ter derſelben mit irgend einem Fete.

B. Stelt den hintern Theil eines jeden Blates
der Zange vor, damit man zu gleicher Zeit
den durchbrochenen Theil derſelben, wie auch
die Figur und die Verhältniſſe des Ganzen
ſehen könne. Die Handheben ſind hier frei=
lich etwas zu breit abgebildet.

Siehe: die 21. Tafel für die Figur und Ver=
hältniſſe der langen Zange, die oben gekrümt, und
eben ſo bedeckt iſt, wie die vorige.

Die Zange wurde anfänglich erfunden, dem
Kinde das Leben zu erhalten und ſo viel als mög=
lich den Gebrauch ſcharfer Inſtrumente zu vermei=
den. Allein man mus ſeine Zuflucht ſelbſt zu
dieſem an ſich wolthätigen Mittel auch nur als=
dann nehmen, wenn das Maas erforderlicher
Kräfte

Kräfte das Kind herauszuziehen, durch seine Folgen
das Leben der Mutter in keine Gefar versezen kan.
Denn der unverständige Gebrauch der Zänge kan
warlich auch mehr Böses als Gutes verursachen.

Siehe: die Erläuterung der 16. Tafel. So
auch die Vorrede zum 2. Bande, nebst den Fällen über diesen Umstand in den Samlungen.

C. Der stumpfe Hacken, dessen Gebrauch drei-
    fach ist:

Erstlich: das Herausziehen des Kopfes, wenn
der Hirnschedel mit der Schere geöfnet worden ist,
zu befördern. In diesem Falle mus das kleinere
Ende längst dem Ohre an der Aussenseite des Kopfes unter die Unterkinlade gebracht, und die Spize
an diese Stelle angelegt werden; das andere Ende
des Hackens wird mit der Hand gehalten, da inzwischen zwei Finger der andern in den schon eröfneten Vordertheil hineingebracht, und so der Kopf
algemach herausgezogen wird.

Zweitens: Das kleinere Ende hat bei unzei-
tigen Niederkunften in einem der ersten vier oder
fünf Monate den Nuzen, daß die Nachgeburt vermitels desselben heruntergezogen werden kan, wenn

G 5   sie

sie in der Gebärmutter lose ligt, wenn die Gebärende wegen dem zu langen Zurückhalten derselben
von Blutflüssen äuserst geschwächt ist, und die
Wehen demnach zu unkräftig sind, sie herauszu-
treiben, und wenn sie mit den Fingern nicht herausgezogen werden kan. Wenn aber die Nachgeburt
noch festesizet: so ists gefärlich sich dieses oder irgend
eines andern Instrumentes zu bedienen, um sie herauszuziehen. Man mus hier schlechterdings die Absonderung derselben der Natur überlassen. Wenn ein klei-
nes Stück der Nachgeburt durch den Muttermund
gedrückt und von dem, was noch in der Gebärmutter festklebt, herausgezerret wird: so zieht sich
der Muttermund zusammen, und derjenige Reiz wird
dadurch aufgehoben, durch den die Wehen fortgedauert, und alles zusammen abgesondert und weg-
geschaft haben würden.

Dritens: Der grösere Hacken an dem andern
Ende dienet dazu, daß er den Körper ausziehe,
wenn der Hintere vorliget. Man mus sich seiner
aber mit groser Behutsamkeit bedienen, damit der
Schenkel nicht verrenket oder gar gebrochen werde.

Siehe: 29. Tafel. Auch 1. Band. 2. Buch.
3. Kap. 3. Buch 3. Kap. 7. Abschn. und 4. Kap.
2. Abschn. 2. Band. 12. Saml. 3. Band. 31.
32. Saml.

Die

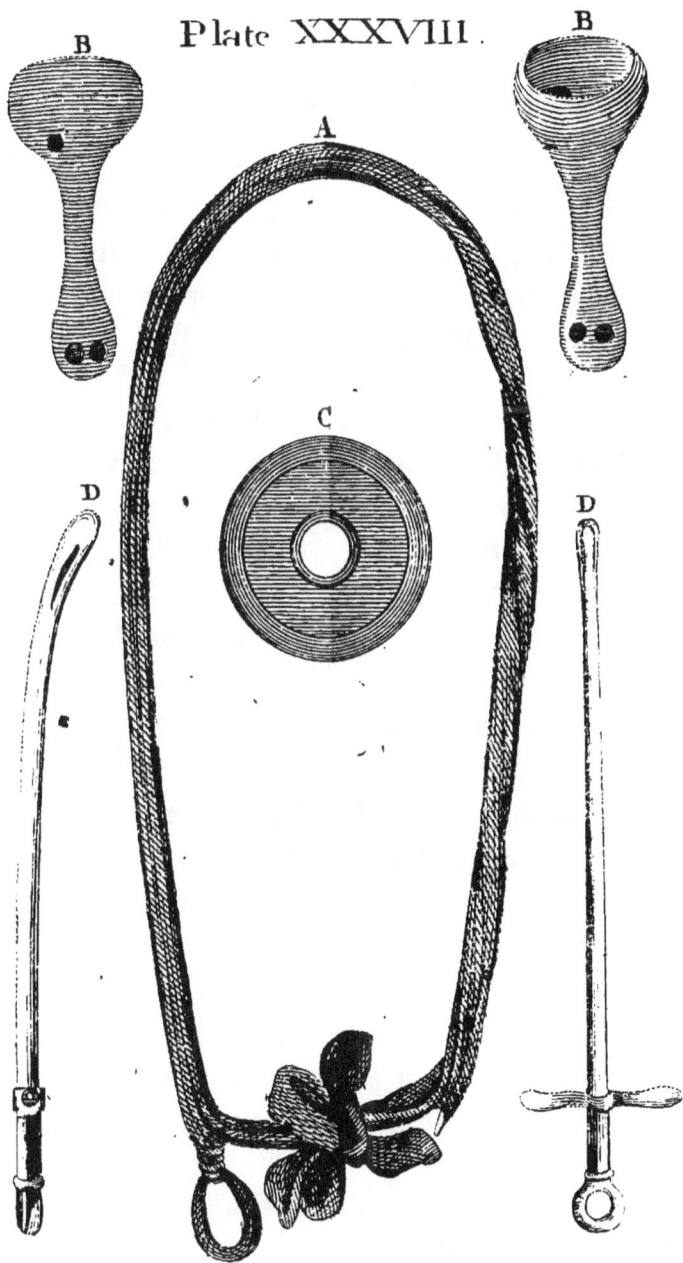

Plate XXXVIII.

Die acht und dreißigste Kupfertafel

A. Stelt das fischbeinerne Band vor, dessen
sich ein Geburtshelfer bisweilen, wenn er
mit der Zange in schneller und unvorher-
gesehener Noht nicht versehen ist, in
schweren Geburten bedienen kan.

Wenn der Scheitel des Kindes vorliget, und
der Kopf in den untern Theil des Beckens gepresset worden, die Frau schwach ist, und die Wehen
nicht kräftig genug sind, den Kopf durchzutreiben:
so mus das gedopelte Band längst dem Vordertheile
der Seitenknochen hinauf, um das Gesicht, und
wenns möglich ist, unter die Unterkinlade angelegt
werden. Ist dies geschehen; so läst man das Fischbein
entweder darin, oder zieht es aus der Scheide heraus, und komt jener schwachen Wehe durch ein
mäsiges Anziehen an dem Bande zu Hilfe. Wenn
der Kopf in den obern Theil des Beckens hinaufgeschoben werden kan: so ist es leichter, die Schnur
um das Kinn zu legen, weil sie hier einen sicherern
und bessern Halt hat, als im Gesichte. Wenn
das Gesicht, oder der Vorderkopf vorliget, so mus
die Schnur über das Hinterhaupt angeleget werden.

Siehe: 1. Band. 3. Buch. 3. Kap. 2. Abschn.
2. Band. 24. Saml.

In

In solchen Fällen thut stat des Fischbeines,
die Ruhte von zäher Weide, an ein biegsames
Hosenband, oder sonst an ein Band, festgemacht,
das in Form einer langen Scheide zusammengenähet
wird, eben die Dienste.

B B. Die Vorstellung zweier neuen Arten von
Mutterkränzchen für den Vorfal der Gebärmutter, die eine Zusammensezung des
holländischen und französischen sind.

Nachdem die Gebärmutter wieder in ihre Lage
gebracht worden ist: so wird das Mutterkränzchen
mit dem breitern Ende in die Scheide gebracht,
und der Muttermund mus sodan in dem ausgehöl-
ten Theile desselben, woran drei Oefnungen befind-
lich sind, ruhen. Diese drei Oefnungen dienen
zum Abflus der Feuchtigkeiten, die, wenn jene nicht
da wären, leicht stocken könten. Das kleinere
Ende ausserhalb der Scheideöfnung hat zwei Löcher, durch welche Zwirnbänder gezogen werden;
diese sind wieder an vier andere Zwirnbänder fest-
gemachet, welche gleichsam an einem Gürtel her-
unterhängen, der den Leib des Weibes umgibt,
und auf solche Art das Mutterkränzchen in der Höhe
erhält. Diese Gatung von Kränzchen kan Nachts
vor Schlafengehen herausgenommen, und Morgens
früh

früh wieder eingebracht werden. Da es aber bis=
weilen die Oefnung der Scheide reibet, und folglich
seinen Gebrauch ungemächlich macht: so ist die
mit C. bezeichnete runde Gatung von allgemeinern
Nuzen. Man macht sie von Holz, Elfenbein oder
Kork. Die mit Kork bedeckt man mit Leinwand,
oder sezt sie in Wachs. Das Kränzchen wird erst
mit Pomade schlüpfrig gemacht, an den Rändern
in die Scheide selbst hineingesteckt, und ein Finger
in das Mitelloch eingebracht, um es innerhalb der
Scheide quer hinzulegen. Sie müssen gröser oder
kleiner seyn, je nachdem die Scheide, weiter
oder enger ist, damit sie bei einer besondern An=
strengung des Leibes nicht so leicht herausfallen
können.

Siehe: 1. Band. 4. Buch. 1. Kap. 7. Abschn.
3. Band. 24. Saml.

D D. Gibt zwei Vorstellungen von weib=
lichen Kathetern, wie auch das Maas
ihrer Krümmung und ihrer einzelnen
Theile an.

Man kan sie des gemeinen Nuzens wegen, viel kür=
zer machen, um sie der Bequemlichkeit wegen bei
sich in der Tasche zu führen. Wenn je zuweilen der
Kopf

Kopf oder der Körper des Kindes auf die Blase
oberhalb den Schosbeinen drücket: so ist eines
von den langen nöhtig; und in einigen ausserordent-
lichen Fällen bin ich genöhtiget gewesen, mich
eines männlichen Kætheters zu bedienen.

Siehe: 1. Band. 2. Buch. 1. Kap. 1. 2.
Abschn. 2. Band. 10. Saml. 2. Nr.

Plate XXXIX.

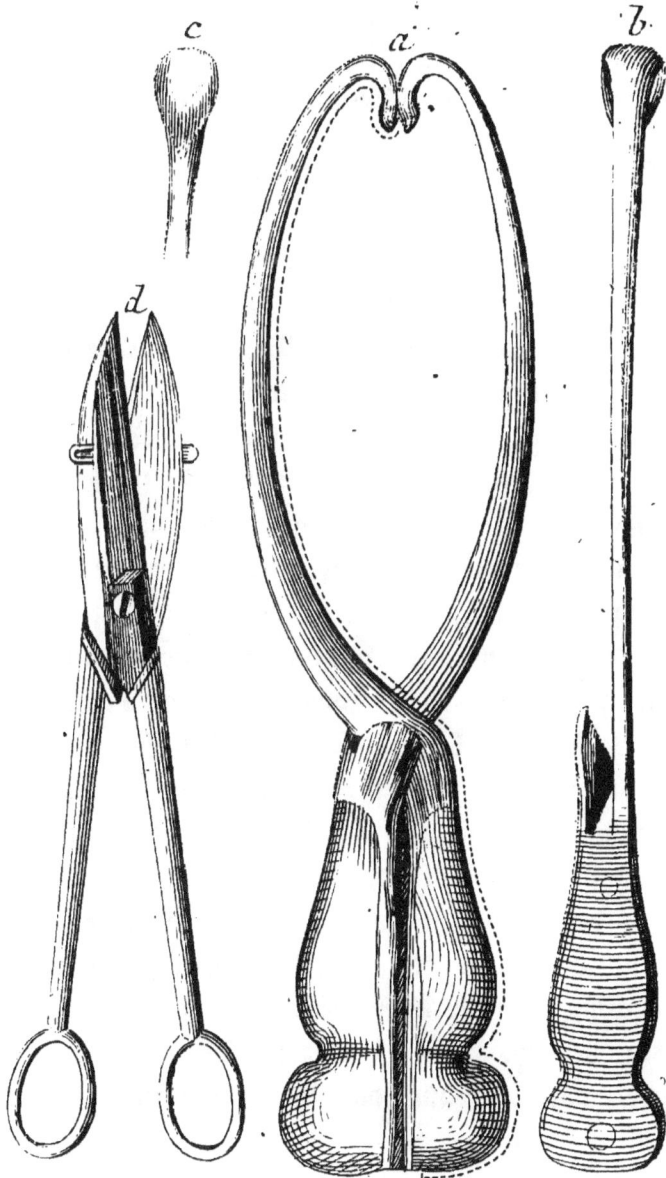

Leizel sc.

Die neun und zwanzigste Kupfertafel.

a. Stelt ein Paar krumgebogene Hacken vor, die auf die nehmliche Art, wie eine Zange ineinander schliessen.

Es ereignet sich wirklich selten, daß der Gebrauch beider nohtwendig wäre, es sei dann, daß das Gesicht, nebst dem nach dem Heiligenbeine gerichteten Kinne vorläge; und daß es unmöglich wäre, dem Kopf eine solche Wendung zu geben, daß das Kind mit den Füßen herausgezogen, oder mit der Zange gelöset werden könte. Wenn in einem dergleichen Falle, ein Hacken nicht zureichet, so mus man auch den andern einbringen. Hat man beide mit einander vereiniget, so werden sie wie Hacken wirken, indem sie den Hirnschedel eröfnen; und so wie der Kopf weiter heruntergeht, wirken sie zugleich wie Zangen, indem sie den Kopf wenden und drehen, so wie es der Befreiung desselben am zuträglichsten ist. Sie sind demnach sehr nützlich, wenn der Kopf in der Gebärmutter geblieben ist, und ein einziger Hacken zu Herausziehung desselben nicht zureichet. Die Gelegenheit bietet sich inzwischen selten dar, den spizen Hacken zu gebrauchen, wenn der Kopf vorliget; denn der stumpfe Hacken der 37. Tafel ist gemeiniglich schon hinreichend; oder aber auch die Zange, um jenen hervorzu

vorzuziehen, wenn er mit der Schere vorher geöf=
net worden ist. Bei der Einbringung des scharfen
Hackens, mus man alle Sorgfalt anwenden, die
Spize gegen das Kind, hinzuhalten, hauptsächlich
alsdann, wenn man die Finger nicht zugleich mit
einbringen kan, um jenen zu leiten. Die punktirte
Linie innerhalb der einen Klinge, stelt eine Schei=
de vor, welche in der Absicht erfunden wurde,
daß die Spize darin so lange verwaret werden kan,
bis sie hoch genug hinaufgekommen ist. Die eben=
fals mit Punkten ausgezeichnete Binde der Hand=
heben wird sodann aufgeknüpft, die Scheide her=
ausgezogen, und die izt blos ligende Spize, so wie
in der 36. Tafel gesaget worden ist, in den Hirn=
schedel eingestossen. Die mit einer Scheide ver=
wahrte Spize mag also stat eines stumpfen Hackens
dienen.

b. Gibt eine Vorstellung vom Hintertheile
eines der Hacken (*), welcher zwölf Zolle
lang ist.

c. Die

(*) Auch bei dieser Gelegenheit biten wir jeden Praktiker
der Entbindungskunst, alles mögliche erst anzuwen=
den, was nur das Feine dieser Kunst gebeut, bevor er sich
entschliest, Instrumente dieser Art zu gebrauchen; et=
wa gar das Leben eines Kindes für geringe zu schäzen,
und

c. Die Vorderansicht der Spize, ihre Län=
ge und Breite, welche überhaupt etwas
länger und schmaler seyn mus, als sie
hier abgebildet worden ist.

d. Stelt die brauchbarste Schere dar, den
Hirnschedel zu durchschneiden, wenn die
Becken zu enge, oder oder zu verdrehet
und ungestaltet sind. Sie mus aber wol
stark und wenigstens neun Zolle lang ge=
machet werden, mit Aufhaltungs= oder
Ruhe=

und sie unzeitig zu gebrauchen, wenn es noch lebt. Wenn
man ja der Instrumenten sich bedienen zu müssen glaubt:
so sei man nach Smellie Angabe behutsam, und arbeite
nicht übereilt. Ein Fehler, dessen so manche Praktiker
sich schuldig machen. Wie viele Mütter verloren durch
unbehatsame Fehler ihr Leben, das an sich keiner Gefar
ausgesezt war? Wir leben in einer Statt, wo die Bei=
spiele der traurigen Folgen des oft übereilten und fehler=
haften Gebrauches der schneidenden Instrumente nichts
weniger als vergessen sind, ja wo der Gebrauch derselben
so sehr zur Gewonheit geworden ist: daß manche Frauen
fest glauben, eine widernatürliche Geburt, welche die
Haud des Geburtshelfers nöthig habe, könne nicht anders
als mit dergleichen Instrumenten vollendet werden. Ein
erschreckender Glaube! Wer kent nicht die in vielem
Betracht wichtigen Streitigkeiten des noch lebenden alten
Hr. Doktor Gutermann mit dem verstorbenen Doktor
I. A. Deisch? —

H

Ruhepunkten in der Mite der Blaten, wodurch eine gröſere Erweiterung leichter gemachet wird.

Dieſe abgebildeten Inſtrumente ſollen ganz allein in den auſſerordentlichſten Fällen gebraucht werden wo ſchlechterdings keine Möglichkeit mehr da iſt, die Mutter ohne den Gebrauch derſelben, am Leben zu erhalten.

Siehe: 1. Band. 3. Buch, 3. Kap. 5. Abſchn. 5. Kap. 1. Nr. 3. Band. 31. 35. Saml.

Die

Plate XL.

Fig. 2.   Fig. 1.   Fig. 3.

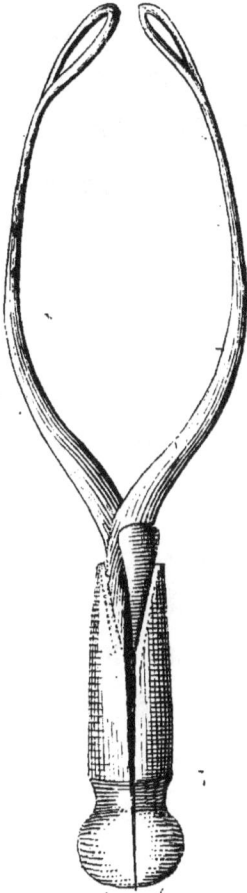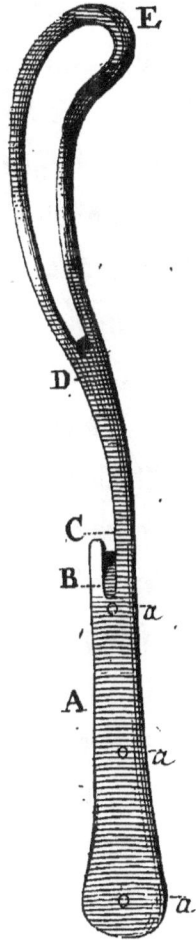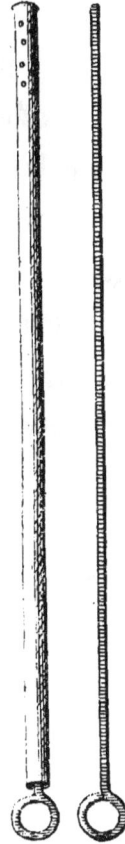

Die vierzigſte zugegebene Kupfertafel.

Unter den wenigen Verbeſſerungen, welche ſeit der Zeit, daß Dokt. Smellie Name bekant iſt, mit den Inſtrumenten zur Geburtshilfe gemacht worden ſind, ſind die Veränderungen der Zange die wichtigſten. Sie ſind ſo beſchaffen, daß allen Unbequemlichkeiten in Rückſicht des Gebrauches dieſes Inſtrumentes abgeholfen, und dadurch die Anlegung ſelbſt ſicherer und leichter gemacht worden iſt.

Bei der Erfindung dieſer Abänderungen, hate man folgendes zur Abſicht: Einmal, die beiden Biegungen ſolten ſo genau als möglich mit den Hölungen des Beckens übereinſtimmen. Zweitens, Ihre Spizen ſolten vorwärts gebogen und abgerundet ſeyn, damit ſie nicht ausweichen, oder an irgend einen Theil des Beckens unglimpflich, drücken; und doch ſolten ſie zugleich einen unverrückten Halt am Kopfe haben, wenn dieſer vorwärts in die gebogene Direkzionslinie rücket, welche die Natur ſelbſt vorſchreibet. Dritens, Gegen die Glieder derſelben ſol eine entgegengeſezte Krümmung angebracht werden, damit das Mitelfleiſch gegen alle Verlezungen

geſchüzt

geſchüzt ſei, die Kraft des Ausziehens ihre gehörige
Richtung bekommen, und zugleich die Handhebe
abgehalten werden möge, empfindlich auf den un=
tern und vordern Theil der Schamgegend zu
drücken. Viertens, Das Metall ſol ſo viel als
möglich diejenige Bearbeitung kriegen, daß es
nicht zu biegſam, oder an den Rändern ſo dünne
ſei, daß etwas verwundet werden könnte. Fünf=
tens, Die Bläter ſollen allenthalben gleich feſte
an den Kopf des Kindes anpaſſen, und unmerk=
lich von dem Gelenke aus breiter zulaufen, ſo daß
die Scheideöfnung nicht zu ſchnell ausgedehnet wer=
de. Sechſtens, Eben dieſe Bläter müſſen eine
gehörige Breite haben, an der äuſern Fläche etwas
erhoben, und aufs beste polirt ſeyn, damit ſie
die Gebärende nicht drücken oder verlezen. Si=
bentens: Ihre Länge ſol ſo beſchaffen ſeyn,
daß ſie ſicher und bequem innerhalb dem Becken
angeleget werden können, und zugleich mit den
verſchidenen Gröſen des Kopfes, ſo viel wie mög=
lich, übereinſtimmen.

Das

Das nach diesen Bestimmungen bearbeitete Instrument, nent man die kurzgebogene Zange. Sie besteht aus zwei Blätern oder Theilen. Jedes derselben hat etwas eignes in der Handhebe A; in dem Gelenke B C; an den Blätern D E. Man besehe die erste Figur, welche eines von den Blätern vorstelt, ehe es noch seine volkomene Krümmung erlangt hat. a a ä, sind drei Löcher, in welche zur Befestigung der hölzernen Handhebe, Schrauben gesteckt werden. Die zweite Figur bildet das ganz volendete und geschlossene Instrument ab, welches nach dieser Beschaffenheit elf Zoll Länge hat, und, wenns recht fein gemacht ist, ungefär elf Apotheckerunzen am Gewicht hält. Die Bläter müssen mit dem feinsten, glatesten Leder überzogen, mit Wasser befeuchtet, und mit gewächster Seide genehet werden.

Die drite Figur stelt ein Katheter dar, dessen sich kürzlich einige Praktiker vorzugsweise vor andern

H 3

dern bedienen. Er ist enge, und mit 16. Lö-
chern nach vier Reihen nahe an der Spize durch-
stochen; er endiget sich in einen kleinen Knopf.
Seine Länge beträgt gegen 5 3/4 Zolle.

H 4   Nach=

Summarischer Inhalt
des Buches.

H 4   8. Ta:

klei-

kleinern des Becken, und eben so auch
der gröſere, paſt.   Seite 60

H. 5   32. Ta

Nach=

Nachricht

und

kurze Prüfungen

der

Sigaultschen Operazion.

von

Dr. B.

Ueber

Ueber
die Sigaultsche Operazion.

Da wir vermöge unseres Aufenthaltes und dem Verkehre des Verlegers voraussehen können, daß diese Schrift auch in Gegenden hingelangen wird: wo das Licht der Gelehrsamkeit und der neuen Entdeckungen unserer Zeiten seine Stralen nicht so häufig als in andere Gegenden Teutschlandes wirft: so haben wir uns entschlossen, diesen zu Gefallen, von der Sigaultschen Operazion, die nun in der Entbindungskunst ein neues Kapitel macht, etwas Algemeines zu sagen, und hier dem Smellieschen Werke hinzuzufügen. Wir wünschen, daß das, was vorgetragen werden wird, hinlänglich seyn möge, den Leser in den Stand zu sezen, richtig von jener Operazion zu urtheilen, und das Gesagte in vorkommenden Fällen mit Nuzen anzuwenden.

Alles Neue beschäftiget kürzer oder länger die Köpfe der Gelehrten, je nachdem die neue Sache

selbst

selbst mindern oder mehrern innern Wehrt hat.
So giengs dann auch mit Sigaults Erfindung.
Grose, mitelmässige und kleine Männer haben es
unternommen, über diese Sache viel zu schreiben,
manches zu denken, und verschidenes zu urtheilen.
Dies muste man auch; denn die Erfindung war
an sich wichtig genug, um die Kabinete, Zimmer,
Kammern u. s. w. der Gelehrten zu beschäftigen.
Wir sind weit entfernt fürizt vieles, ohne anderer
weit über uns stehender Männer Autorität anzu-
führen, ob wir gleich von Autoritäten gar oft keine
Freunde sind. Allein es betrift eine Sache, bei der
man, will man darüber etwas räsoniren, schlechterdings ganz allein auf die Erfahrungen derer bauen
mus, die jene Operazion gemacht haben, wenn man
nicht in den Fehler verfallen will, im Professorstone,
das heist gar oft im Tone der an eigener Erfarung
leer ist — manches Unrichtige zu schwazen.

Man weis längst, daß es schwere Geburten
gibt, wo alle Kunst der Geburtshelfer unwirksam,
vergeblich ist; daß diese schwere Geburten einem
zu engen Becken der Mutter, oder einem zu grosen
Kopf des Kindes zuzuschreiben sind. Daraus entstehet die bekannte Einteilung des Kopfes. Man weis
ferner, daß bei dieser im höchsten Grade Hebel
und Zange fruchtlos sind; und daß in diesem
Falle

Falle kein anderes Mitel übrig bleibt, als der furchtbare Entschlus entweder das Leben des Kindes dem Leben der Mutter aufzuopfern, oder beide durch den Kaiserschnit zu erhalten — oder beide gerade zu, ihrem Schicksale zu überlassen. Was das erste betrift: so weis man auch, oder solte es wissen, daß sich unser ganzes Menschengefül bei dem Entschlusse, das Kind zu tödten, dagegen sträubt und daß, wie vielfältige Erfahrungen, und, was uns lokaler Beweis ist, die Verhandlungen und Streitigkeiten zwischen Hr. Dokt. Gutermann und dem verstorbenen Dokt. Deisch, in denen der erstere allerdings viel für sich hat, und haben mus, bekräftigen, auch dies, wenn der Geburtshefer voreilig, unbehutsam, ungedultig, gefüllos ist, zugleich auf Kosten des Lebens der Mutter unternommen worden ist. In Hinsicht des andern weis jeder belesene Arzt und Wundarzt, daß der Kaiserschnit, wenn er so spät gemacht wird, als er fast allemal gemacht zu werden pflegt, Ermordung der Mutter heist. Im driten Falle müssen diejenige, die sich entschliessen, Zuschauer beim Trauerspiele zu seyn, bedauren, daß sie eben Menschen sind. —

Der Mann, der demnächst hier in dieser verzweifelten Lage, eine solche Auskunft zu geben, gefun=

gefunden hat, daß alle Schwierigkeiten, alle Gefahren bei dergleichen schweren Geburten dahin stürzten, der verdient doch den warmen Dank der Mütter, der Väter, und der Welt.

Der Mann nun heist Sigault, und ist ein Franzose. — Bekant mit allen obbesagten Schwierigkeiten wog er sie vermuthlich mit den warscheinlichen Vortheilen jener drei Auskunftsmitel ab, und fand — diese zu leicht, jene zu schwer.

Schon im Jahre 1768. schlug Hr. Doktor Sigault zu Paris, in der Vorlesung einer Abhandlung der königlichen Akademie der Wundärzte vor, zu Vermeidung des fürchterlichen Kaiserschnites, die Durchschneidung der Knorpel der Schambeine und der Bänder zu versuchen; weil, wie er urtheilte, dadurch die Verlängerung der Beckendurchmesser bewirkt, folglich der Durchgang des Kindes befördert, die Hindernisse, wegen welchen man den Kaiserschnit unternimt, aus dem Wege geräumet, und also diese grausame Operation vermiden würde. Zugleich wolte er, mehrerer Sicherheit wegen erst Versuche an den Becken lebendiger Thiere angestelt wissen, und dann an einer Weibsperson, die das Leben verwirkt hat. Die Prüfung dieses erfindsamen Vorschlags wurde nach gewönlicher Weise von der Akademie einem Kommissar übergeben. Der war

Dokt.

Dokt. Ruffel. Allein sein Urtheil für Sigault fiel ungünstig aus. Man verwarf die ganze Sache, weil sie — neu war. Vieleicht, (denn das ist in ähnlichen Fällen das Schicksal mancher hofnungsvoller Männer in vielen Winkeln der Erde,) weil der Neid der alten Akademiker schel zum auffeimenden Ruhm des jüngern Sigault sah, und was alles dazu gehöret. — Den Ruhm muste er einernten, wenn die Welt seine Erfindung billigen solte. Der berühmte Hr. Louis, damaliger Sekretär der Akademie, meldete Hr. Dokt. Camper, einem noch lebenden grosen Arzte in Franecker, in einem Briefe die Idee des Hr. Sigault. Daraus sieht man zugleich, daß Herr Camper auf keinerleiweise Anspruch auf die Erfindung der neuen Operazion machen könne, ob er gleich früher von der Trennung der Schambeine geschrieben, als Sigault sie unternommen hat. Er erhielt diesen Brief im Merz 1769. Ihm gefiel der sinnreiche Gedanke so sehr, daß er selbst sogleich Versuche an lebendigen Schweinen, und an menschlichen Kadavern anstelte. Der Erfolg derselben entsprach seinem Wunsche. Er sehnte sich, an einer lebendigen Frau gleiche Versuche anzustellen. Er ersuchte daher die Obrigkeit seiner Provinz in einer Bitschrift, man möchte ihm gestaten, an einer Kindesmörderin, die das Leben verwirkt häte, den besagten Versuch anzu-

anzustellen. Man schlug dieses Gesuch ab. Indes war Sigault in Paris nicht müßig. Einigemal vertheidigte er seine Operazion öffentlich. Und endlich gelang es ihm, Gelegenheit zu finden, sie an einer Schwergebärenden das erstemal auszuführen. Diese war die bekante Souchot, eine Soldatenfrau zu Paris, von neun und dreißig Jahren; die nicht höher als 3 Schu und acht und einen halben Zoll, nach Pariser Maas war. Ihr ganzer Körper hatte, seit der englischen Krankheit, die sie früh erliten, ein ungestaltes und verkrümtes Ansehen, und eine überspannte Reizbarkeit und Empfindlichkeit. Viermal hatte sie geboren, alemal mit der grösten Schwierigkeit, und jederzeit brachte sie tode Kinder zur Welt. Bei der vierten schweren Geburt waren mehrere Aerzte und Wundärzte von Ansehen, namentlich die Herren Vicq d'Azir, Thuret, Rousset, Verdier, Destremeau, Thevenaut, Courtouli, Dusault, Marchais, Baudot, auch Sigault und der berühmte Levret, nebst einigen Hebammen zugegen. Der leztere erklärte, daß der kleine Durchmesser des Beckens nur zwei und einen halben Zoll betrage. Sigault schlug daher zu Erhaltung des Kinds schon diesesmal entweder seine Operazion oder den Kaiserschnit vor. Beides wurde verworfen. Von der kleinen vorligenden Hand schlos Levret auch auf einen kleinen

Kör:

Körper, und machte daher die Wendung; allein
sie konte das Leben des Kindes nicht retten. Und
nun urtheilte man einmüthiglich, ein Kind könte
bei fernern Geburten dieser Frau ohne Kaiserschnit
nicht erhalten werden. Souchot wurde zum fünf=
tenmale schwanger. Ihre Geburt rückte am ersten
Oktober 1777. herbei. Sie lies in der Nacht Si=
gault rufen. Er kam in Gesellschaft des Hr. Leroi,
und unternahm die Durchschneidung der Schambein=
knorpel mit Beistand des Leztern. Wir wollen ganz
kurz den Verlauf der Operazion erzälen.

Sigault durchschnit etwas über der Vereini=
gung der Scham oder Schosbeine, da, wo sich
die äusern grösern Schamlefzen oben vereinigen,
Haut und Fet durch; sodan auch die Pyramidal=
muskeln und die weisse Bauchlinie, suchte mit dem
Zeigefinger der linken Hand die Vereinigungsstelle
jener Knochen, und schnit sie auf einmal nebst dem
Bande durch. Augenblicklich giengen die durch=
schnitenen Ränder der Schosbeinknorpel zwei und
einen halben Zoll weit auseinander. Sigault
säumte nicht das Kind gleich darauf durch die
Wendung zur Welt zu bringen, das noch bei Le=
ben war. In Zeit von fünf Minuten war die
ganze Operazion ohne sonderliche Schmerzen voll=
endet. Doch gieng sie nicht ganz ohne Fehl ab.

J 2 Der

Der Harngang wurde verlezt. Wenn man aber
bedenkt, daß die Neuheit dieser Operazion Sigault
selbst der Gegenwart des Geistes einigermaffen beraubt haben könne; (was andern geschickten Män-
nern auch hätte begegnen können) daß er mit einem
tauglichen Meffer nicht versehen war; daß er ferner bei schwachem, düstern Lichte arbeitete; und
daß er selbst gerade damals sich gar nicht wol be-
fand; so dürfen wir ihm diesen Feler nicht hoch
anrechnen, den andere, aus dieser Erfarung be-
lehrt, nun mit weniger Rechtfertigung begehen
werden. Die Folge davon muste nun freilich Entzündung des verlezten Theiles und Nichthaltung des
Harnes seyn. Sie war es aber nur auf einige
Zeit lang. Sigault berichtete zwei Tage darauf
der Akademie den ganzen Vorgang seines Unterneh-
mens, und bat, sie möchte einige ihre Mitglieder
absenden, um von der Warheit, und dem Erfolge deffelben richtige Nachricht einzuziehen und
überzeugt zu werden. Die Herren Granclas und
Descemet erhielten auch wirklich zu dem Ende
den Auftrag, den Vorgang zu untersuchen, ihr
Tagebuch über das Verhalten der Kranken zu halten und der Akademie von allem Bericht abzu-
statten. Leroi vollendete, weil Sigault krank
wurde, die Kur; so daß Fr. Souchot im Stande war, am ersten Dezember sich selbst der Akademie

demie vorzuſtellen, welche nun Hr. *Sigault*, auch Hr. Leroi mit verdienten Lobeserhebungen beehrten. Auf ihren Befel wurde der glückliche Erfolg der Operazion öffentlich durch gedruckte Nachrichten bekant gemacht und durch eine ſilberne Denkmünze auf ihre Koſten verewiget. Dieſe hat eine Inſchrift, die auf der einen Fläche folgendes ſagt:

L' an 1768. Mr. *Sigault*, Docteur en Medecine de la Faculté de Paris a inventé & propoſé la ſection de la ſymphyſe des os pubis. En 1777. il l'a pratiquée avec ſuccès.

Auf der andern aber:

Mr. Alphonſe le Roi, Docteur en Medecine de la faculté de Paris l'a aidé.

Deren erhielt nun Sigault hundert, und Leroi fünfzig Stücke. Frau Souchot gieng, wie ſichs vermuhten läſt, mit Geſchenken überhäuft, aus der Verſammlung der Akademiker, und bekam noch obendrein durch die Gnade des Königes aljährlich dreihundert Livres Gehalt, ſo lange ſie lebt.

Izt verbreitete ſich dieſe Operazion in die Welt. Sie fand Freunde und Feinde. Bei einigen ſolte ſie den

Kai-

Kaiserschnit ganz und gar verdrängen; (so dachte und
schrieb dann freilich Sigault selbst, dem man jedoch
diese Hize einigermaſſen nachsehen kan) bei andern
ward sie ganz unbrauchbar und eine Erfindung
ohne Nuzen. Je mehr aber über das Ganze ge=
dacht, geschrieben, auf dem Katheder gesprochen,
schwadronirt und geschmiert wurde, deſto mehr lenkte
man nun in den Mitelweg ein, schnit ab, was un=
tauglich war, that hinzu, was man der Operazion
ohne Noth nehmen wolte. Sigault machte sie in
der Folge noch dreimal mit glücklichem, und einmal
mit unglücklichem Erfolge. In Teutschland unter=
nahm sie einer seiner Wundärzte vom ersten Ran=
ge, Hr. Leibarzt Siebold zu Würzburg, an ei=
ner fünf und dreiſigjährigen Frau, Marg. Mar=
kard aus Pfersdorf. Der wünschbarste Ausgang
vergröſert den Ruhm dieses Mannes. Den gan=
zen Hergang der Operazion, und wie er sich da=
bei nach Kunst und Einsichten benommen, kan
man in einer davon handelnden unten anzuführenden
Streitschrift lesen, auf die wir verweisen. Des=
pres, Leroi, Mennteur, wagten es, und durften
es wagen, sie nachzumachen. Sie gelang und
begünstigte nun aufs Neue die guten Aussichten,
die man in der Folge von ihr haben wird, beson=
ders da der Zweck jederzeit erreicht wurde, den
man bei ihr hat. Eben so gelang sie auch in sieben

Fällen

Fällen an verſchiedenen Orten der franzöſiſchen Pro=
vinzen. Allein nun ſchienen ihr die unglücklichen
Unternehmungen eines Bonnard, Guerard, Retz
und Nagel, und ein anderer Fall in Frankreich
wieder einen Stos zu geben, der ihr aber nicht
empfindlich ſeyn wird, da ſich vermuhten und
auch glauben läst, dieſe mislungene Fälle ſeien
der unrechtmäſigen Anwendung der Operazion zuzu=
ſchreiben. Alles deſſen ungeachtet erklärten ſich
algemach Männer, die entſchidenes Anſehen haben,
für die Sigaultſche Operation. Wir nennen un=
ſern verehrungwürdigen ehemaligen Lehrer, den
Hr. Dokt. und Prof. Wrisberg zu Göttingen,
Camper, Hunter, Sandifort, Brinkmann,
Leppentin, Loder, Bonnard, Dagoty, Bau=
deloque, Rouſſel und Dokt. Myers einen Eng=
länder, der anfänglich wider ſie war, in Paris
aber durch einen zweimaligen glücklichen Erfolg
derſelben bekehrt und noch nicht gar lange zu Ab=
ſprechung ſeines vorigen mediziniſchen Kezerglaubens
bewogen worden iſt (*).

Dies wäre dann nun ſo die kurze Geſchichte
der Sigaultſchen Operazion. Man vergebe uns,

J 4   wenn

(*) S. Medical commentaries for the year 1780. 8. London.
1781. by Dr. Andr. *Duncan.* Vol. I. part. I.

wenn sie kürzer hätte gefast werden können. — Wir fügen noch algemeine Untersuchungen über die Bestimmungen der Sigaultschen Operazion; über ihre Vortheile, besonders vor dem Kaiserschnitte, dessen Nachtheile auch kurz berührt werden sollen; und über die Einwürfe, die man den Vertheidigern derselben entgegengestelt hat, nicht alemal um sie zu unterdrücken, sondern sie mehr zu erheben, und die Warheit der Sache schneller zu berichtigen, bei. Sehr vieles, was nun davon gesagt werden wird, sind Produkte anderer Köpfe. Was uns gehört, wollen wir nicht bestimmen, und können es nicht, weil uns die Matrosenarbeit in den Registern und Summarien anderer Schriften nachzuspüren, was schon andere gesagt haben, oder ob nicht gar schon Hippokrates einen unserer Gedanken hinweggeschnapt habe, — niemals hat beigehen wollen, und weil auch überdies unsere Büchersamlung dazu alzudünne gesäet wäre.

Also zur Sache, und zur Beantwortung einiger Fragen:

Wann und unter welchen Umständen soll man die Sigaultsche Operazion unternehmen?

Ein

Einmal sagt man, wenn der kleine Durchmes=
ser des Beckens, oder kunstmässig, die coniugata
nicht weniger, als drei Zolle lang sei. Denn,
ist er kleiner, so gewint man durch die Zerschnei=
dung der Schambeinknorpel lange nicht so viel
Raum, als zum Durchgange des Kopfes durch
das Becken nöthig ist. Dem zufolge scheint also Hr.
Guerard in Düsseldorf diese Operazion wider die
gegebene Vorschrift unternommen zu haben. Denn
er gesteht selbst, daß bei seiner Gebärenden das
Heiligebein vom Schambeine zwei Zoll und acht
Linien, nach Hr. Brinkmanns Angabe aber, der
dabei zugegen war, nur ein und einen halben Zoll,
entfernet war. In diesem Falle konte folglich nur
der Kaiserschnit, wo möglich zur Retung des
Kindes und der Mutter unter allen Hilfsmiteln
übrig bleiben. Daraus ergibt sich dann auch, daß
man Hunters und anderer Meinung beipflichten
müsse, „die Sigaultsche Operazion vertrete den
Kaiserschnit nicht durchgängig.„ Was kan sie hel=
fen, wenn bei aller Trennung der Schosbeinver=
bindung die coniugata doch nicht mehr als zwei,
oder zwei und einen halben Zoll beträgt, und der
Kopf des Kindes auf der andern Seite nicht klein
genug ist?

J 5   Zum

Zum andern, wenn das Becken so enge sei, daß man einen Theil des Kindes mit dem Hacken nicht sicher genug erreichen könne.

Zum driten, wenn der Kopf vorlige, eingekeult und folglich zu gros sei, als daß er mit der Hand und Zange geholt werden könne.

Zum vierten, wenn der kleine Beckendurchmesser höchstens nur eine Verlängerung von zweien Linien nöhtig habe. Freilich könte diese Anzeige bei dem Einwurfe, daß sich unmöglich mit Gewißheit bestimmen lasse, wie viele Linien die conirgata verlängert werden müsse, in Gefar stehen, wegzufallen. Allein da es höchst warscheinlich ist, daß sich dieselbe im lebendigen Körper der Gebärenden noch um mehr als drei Linien vergröfert, und im Ganzen, wenn das Becken in seinen Knochen nicht verwachsen und verkrümt ist, die Schwierigkeit jener Anzeige die Operazion noch lange nicht verwerflich macht: so mag sie immerhin, weil sie **Brinkmann** aufgestelt hat, ihren Plaz behaupten.

Endlich fiel es kürzlich Hr. Purcell ein, sie nicht allein bei schweren Geburten, (sehr algemein!) sondern auch bei der Umbeugung der Gebärmutter vorzuschlagen.

Unter

Unter denen nun zu berührenden Umständen
wird die Sigaultsche Operazion niemals vorzuneh=
men seyn, und dem Geburtshelfer zur Erhaltung
des Kindes und der Mutter nichts übrig bleiben,
als der Kaiserschnit. Diese Umstände sind dem=
nächst:

Einmal, offenbare Verunstaltungen, Verwach=
wachsungen (exostoses) und Verkrümmungen der
Beckenknochen. Wenn diesem Falle zufolge auch

Zweitens die beiden Durchmesser des Beckens
der Gebärenden so kleine sind, daß die Hand des
Geburtshelfers nicht in dasselbe hineinkommen und
gehörigen Raum gewinnen kan. Diese Beschaffen=
heit des Beckens fand sich bei der Frau Vespres
welche Sigault nach seiner Weise operirte. Sie
war vom Scheitel bis an die Fussole nicht höher,
als dreißig Zolle. Mit diesem Körper der Mutter
stund die Gröse des Kopfes des Kindes nun in
keinem natürlichen Verhältnisse. Denn sein länge=
rer Durchmesser vom Gesichte bis zum Hinter=
haupte betrug 4. Zoll, 1. Linie; und der kleinere
von einem Schlafknochen zum andern 3. Zoll 7.
Linien. Nach geschehener Operazion war demun=
geachtet sein Durchgang durch die Scheide so ge=
waltsam, daß das Mitelfleisch und die rechte
Scham=

Schamlefze zerris. Auch die weichen Theile des
Beckens liten durch den Druck des Kopfes Noht,
der vermuhtlich mit vieler Heftigkeit herausgezogen
worden seyn mag. Bei alledem bemerkte man
nicht, daß er an irgend einer Stelle eingedrückt gewesen wäre. Dies beweiset, daß eher das Becken
nachgegeben und sich erweitert, als daß der Kopf
Schaden geliten und dem Widerstande des Beckens
nachgegeben habe. Frau Vespres starb bald nach
der Operazion.

Wenn dritens, der kleine Durchmesser des Beckens weniger als 2 und einen halben Zoll, andere
sagen, weniger als 3 Zolle in der Länge beträgt;
und das Heiligebein und Schwanzbein zu nahe
nach dem Schosbeine gekrümt ist. - In dem Falle
also, den Smellie in der Erläuterung der 27.
Tafel beschreibt, wo der kleine Beckendurchmesser
nur 2 und einen viertel Zoll hielt, wäre die Sigaultsche Operazion nicht mehr angezeigt gewesen.

Wenn viertens bekant ist, daß die Gebärende
ehemahls rhachitisch war, und also eine starke
Verunstaltung des Beckens aus mehrern Umständen zu vermuhten steht. Der glückliche Erfolg der Sigaultschen Operazion wäre wenigstens
in diesem Falle äuserst zweifelhaft. Die Person,
                                              welche

welche Hr. Guerard operirte, hatte diese englische
Krankheit in frühern Jahren (*).

Fünftens, wenn die Bänder am Heiligen= und
Darmbeine eine ungleiche Festigkeit haben, und sich
gar nicht ausdehnen lassen. Allein wir möchten
doch gerne wissen, wie sich dieses gewis voraus
bestimmen lasse.

Ob nun gleich die Sigaultsche Operazion mehr=
malen mit gewünschtem Ausgange unternommen
worden ist: so hat es doch nicht an Einwürfen
gefehlt, welche mit mehr oder minderm Gewicht
ihrem Aufkommen entgegen zu arbeiten schienen.
Wir werden sie kürzlich beifügen, und hin und wie=
der unsere Gedanken über dieselbe hinzusezen.

„Die Blase könne, bei dieser Operazion, sagt
man, gleich wärend dem schnellen Voneinandergehen
der Schambeine, zu heftig ausgespant, entzündet und
gar brandig werden. Sie könne auch, wie die Er=
farung

(*) Inzwischen fallen die Beispiele doch auf, wo bei offenba=
ren Verunstaltungen des Beckens, die Geburten ohne beson=
dere Mühe von statten giengen. Merkwürdig ist in dieser
Rücksicht das Beispiel der Anne Binder, welches unser
Freund Hr. Dokt. und Physik. Plank zu Nürtigen in seiner
schönen differt. sistens morbum osteosarcoseos, singulari casu
et epicrisi illustratum. Tubingae 1781. 4. beschreibt.

farung bewiesen habe, zwischen die Schambeine eingeklemt und verlezt, und folglich auch entzündet und
brandig werden, ja durch Vereiterung selbst die
Schamknochen anfressen oder kariös machen.„ Allein
wenn man in Erwägung ziehet, daß jene Ausspannung durch ein allmäliges Voneinandergehen der
Schambeine, und durch die Fethaut zwischen der
Blase und den Schambeinen und durch ein langsa-
mes Auseinanderspreisen der Schenkelbeine gemäsiget,
auch jener Einklemmung durch Behutsamkeit und
Aufmerksamkeit, vorzüglich bei dem Verbande vorgebeuget werden kan: so hat dieser Einwurf selbst
bei schon gegenwärtiger Entzündung, der noch zu
begegnen ist, nicht viel auf sich.

„Auch die Klitoris könne verlezt werden.„ —
Nun auch dieser Verlezung läst sich bei gehöri-
ger Achtsamkeit gar wol ausweichen. Und gesezt
sie sei verlezt worden: wer wil bestimmen, daß
auf ihrem unversehrten Zustande noch ein grofer
Theil der künftigen Glückseligkeit des Lebens beru-
het haben würde? —

„Die Sigaultsche Operazion, sagt man ferner,
sei sehr schmerzhaft und mit vielen Schwierigkeiten
verbunden.„ Im Ganzen scheint uns dieser Einwurf eine gute Porzion Lächerliches zu haben. Wir
kennen

kennen keine Operazion, die nicht mit mehr oder
minder Schmerzen verbunden wäre. Und gewis
noch mit weit mehreren der Kaiserschnit.

„In Betracht der Beckenbänder fänden sich
auch einige Schwierigkeiten. Die erste sei diese,
daß die (ligamenta sacroiliaca) Bänder, welche
das Heiligebein und Darmbein zusammenhalten,
durch die Gewalt der von einandergehenden Scham=
knochen zerreissen. Die andere dieser fast entgegen=
sezte, (es versteht sich, daß nicht ein und eben
derselbe Schriftsteller diese Einwürfe zu Markte ge=
bracht hat) sei folgende, daß sich eben diese Bänder
gar nicht viel ausdehnen lassen, und daß demnächst
von dieser Seite eine Beckenerweiterung nicht statt
fände, folglich kein wesentlicher Vortheil aus der
ganzen Operazion erwüchse.„ Der erstere Einwurf
schreibt sich von Versuchen her, die an Kadavern
gemacht worden sind. Diese beweisen nun wenig
oder gar nichts. Und die daraus abgezogenen
Schlüsse können folglich von keinem Belange
seyn. Gesezt, daß die Bänder, vermuhtlich bei
einer zu schnellen und tollen Voneinandertrennung
der Schamknochen — auch wirklich zerrissen
seyn solten: so waren sie im Kadaver, an wel=
chem der Versuch gemacht wurde, schon in einem
Zustande, in dem sie, ihrer eigenthümlichen Quan=
titåt

tität von Feuchtigkeit, durch die sie auf einen hohen Grad ausdehnbar sind, beraubt, um so leichter bersten konten. Hr. Leibarzt Richter bemerkt daher richtig, daß in allen Fällen, in denen die Sigaultsche Operazion gemacht worden ist, keine Anzeigen vorhanden gewesen seyen, welche häten glauben machen können, daß die angeführten Ligamente verletzt oder zerrissen worden wären. Und wenn auch — so haben sie doch keine nachtheilige Folgen hinterlassen. Der zweite Einwurf mus so lange für unrichtig angesehen werden, als nicht erwiesen ist, daß sich jene Bänder nicht ausdehnen lassen. Und das wird schwer seyn, da der Beweis, sie lassen sich ausdehnen, schon oft geführet worden ist. Wie, wenn eine starke Ausdehnung dieser Bänder nun aber so wesentlich nothwendig nicht wäre? Und eine leichte müssen sie doch aushalten.

„Die zu heftige Ausspannung der Beckenmuskel verursache Entzündung derselben, welche sich in Brand verwandeln und die Kranke töden könne. Und eben so, sagt Retz könne es der Gebärmutter gehen.„ Die glücklichen Erfarungen der Sigaultschen Operazion erweisen nun aber das Gegentheil. Sie erweisen ferner zu gleicher Zeit, daß der Grad jener Ausspannung nicht so heftig gewesen

gewefen iſt, daß er die befürchtete Entzündung dieſer Theile verurſacht hätte, beſonders da die Operazion in jenen glücklichen Fällen mit der erforder-
lichen Behutſamkeit vorgenommen worden iſt. Man
ſeze auch den Fall, daß dieſe Muskeln ſtark ange-
ſtrengt werden: ſo gibts ja noch Mitel den nach-
theiligen Folgen derſelben vorzubeugen. Alſo, auch
wegen dieſem Einwurfe iſt des Sigault Erfindung
noch nicht verworfen.

„Die Härte des Schosbeinknorpels, bisweilen
ſeine ganz verknöcherte Beſchaffenheit, welche dem
Hr. Siebold und Mr. Bonnard, nach dem 49.
Th. des Journal de Medecine, Mai, année 1778.
aufgeſtoſſen iſt, und wenn er auch durchſchniten
worden wäre, ſeine nachmalige ſchwere Zuſammen-
heilung, kamen insgeſamt bei den Gegnern der
Operazion auch in Anſchlag.„ Inzwiſchen hat Hr.
Dr. Siebold gezeigt, daß ſich auch dieſe Schwierigkeiten ohne Geſar der Kranken heben laſſen,
und daß man den Knorpel, wie er auch beſchaffen
ſeyn mag, dennoch durchſchneiden könne. Bei
der Frau Souchot heilte der Knorpel ſchon zwiſchen dem vierten und zehnten Tage, nach der
Operazion zuſammen. Andere, welche dieſe Zu-
ſammenheilung des Knorpels noch zuzugeben belie-
ben, glauben indes, daß, der neugewachſene cal-

K   lus

lus eine etwa folgende zweite Operazion ganz und
gar hindere. Dies begreifen wir leider nicht. Wir
denken vielmehr, daß, wenn wie in Siebolds Fall,
sich sogar ein verknöcherter Knorpel durchschneiden
läst, der callus nicht mehrern Widerstand thun
werde.

Der unwilkührliche Harnausfluß, der nach der
Operazion in einigen Fällen noch anzuhalten pfleg-
te, den man immer auf Rechnung der Operäzion
schreiben mag: gehört unter die geringern Uebel derselben, dem abzuhelfen ist. Und wenn auch nicht —
so ist er eine Beschwerde welche man sich immer als
ein Opfer für die Erhaltung des Lebens der Mutter
und des Kindes gefallen lassen kan.

„Dr. Hunter sagte, es sei immer grausam, die
starken Knochenverbindungen des Beckens, in der
ungewissen Hofnung, ein lebendiges Kind, zur
Welt zu bringen, zu durchschneiden.„ Ja er em-
pfiehlt die Sigaultsche Operazion gerade da, wo
sie nichts helfen kan, nehmlich wo das Becken
ganz besonders klein ist, oder die Lendenwirbelbeine so sehr in das Becken hineinragen, daß der
Kopf des Kindes nicht in dasselbe hineintreten kan.
Es sei uns erlaubt, diese Zweifel des Hr. Hunter auf
die Wagschale der Prüfung zu legen, und zu sehen,
ob

ob seine Schale sinken oder steigen werde. Einmal
läst sich schlechterdings die Operazion nicht grausam
nennen, so lange man weis, daß sie an sich selbst
nicht so schmerzhaft als viele andere Operazionen
ist, — und daß sie in mehrern Fällen dem vorge=
habten Zwecke ohne Kosten des Lebens der Mutter
und des Kindes völlige Genüge geleistet hat. Und
dem eben Besagten zufolge sind ja die Hofnungen,
die man bei der Operazion hegt, nach Hr. Hun=
ters Ausdrucke, nichts weniger als unverbürgt.
Man höre nur Sigault, Siebold, le Roi und
andere. Würden wir uns nicht mehr des Schei=
nes — von Grausamkeit theilhaftig machen, wenn
wir nach seiner Vorschrift, uns des Hackens be=
dienten und des Lebens des Kindes nicht schone=
ten, — wo die Sigaultsche Operazion dieses war=
scheinlich erhalten häte? —

„Allein die Trockenheit und Sprödigkeit der
Geburtstheile, fallen nun andere ein, mus ganz
warscheinlich die Beckenweiterung erschweren.„ Wir
bitten uns zu erklären, wo diese Trokenheit herrüh=
ren solle. Denn wir stunden bisher in der Mei=
nung, daß die Geburtstheile wärend der Geburts=
arbeit eher Ueberflus als Mangel an Feuchtigkeit
hätten, und vermöge der Einrichtungen der Natur
im Geburtsgeschäfte haben müsten.

K 2

Ferner

„Ferner, heist es, der Zweck der Erweiterung des Beckens und die Verlängerung des kleinen Durchmessers desselben werde wenig oder gar nicht durch besagte Operazion erreicht.„ Einmal dient hierauf zur Antwort, daß nun schon manche Erfarungen, wenn man sie nur im vollem Lichte untersuchen und prüfen möchte, erweisen, der vorgesezte Zweck sei nach Wunsche erreicht worden. Ist es nun aber auch zum Theil nicht geschehen, so benimt dies den wesentlichen Vortheilen der Operazion so wenig etwas, als der unglückliche Ausgang des Steinschnites, der Brustabnahme, den und die Fabius unternommen hat, ihrer anderweitigen Brauchbarkeit Abbruch thut — da sich immer dabei der Fall sezen läst, irgend ein Nebenumstand, der den Wundarzt entschuldigt, oder ein Fehler, der ihn — nicht die Operazion selbst verdamt, sei die Ursache des unglücklichen Ausganges gewesen.„ —

„Der Zweck der Beckenweiterung werde nun aber deswegen nicht erreicht, weil die coniugata oder der kleine Beckendurchmesser, nach den Versuchen, die im Hôtel Dieu zu Paris angestelt worden sind, sich nur um wenige Linien verlängere.„ Man bedenke doch, daß immer ein groser Unterschied zwischen den Versuchen an toden Körpern oder gar an ausgetrockneten Becken und einem lebenden Menschen

schen ist, und daß im leztern Falle die Mitwirkung des Kopfes des Kindes, den man als einen eindringenden Keil betrachten kan, die coniugata mehr als nur einige Linien verlängern könne; und daß endlich der glückliche Erfolg der Operazion nicht blos auf dieser Verlängerung der coniugata allein, sondern auch auf dem Zwischenraume der durchschnitenen Knorpel und auf dem grösern Beckendurchmesser beruhe, welcher leztere selbst durch die Nachgiebigkeit der hintern Beckensymphisen an Länge etwas gewinnen kan, so wie auch durch das Eindringen des Kopfes. Dem und mehrerm schon besagten zufolge scheint die Furcht einiger Franzosen ungegründet zu seyn, daß, wenn sich die coniugata mehr als um einige Linien verlängern sol, die hintern Knochenverbindungen des Beckens zerrissen müsten.

„Endlich, machten einige den Einwurf, der Kopf des Kindes sei zu schwach, um die Beckenknochen auseinander zu dehnen." Zugegeben. Allein deswegen trent man ja eben die Schamknorpel. Ist dies geschehen, dann hat er Kraft genug, das Becken fast von allen Seiten bei seinem Eindringen zu erweitern.

Wenn man nun noch die Warheiten hinzudenkt, daß, so wie sich die Knorpel und Bänder des

K 3 Be-

Beckens ihrer Natur nach, nicht allein zu der Zeit
der Schwangerschaft, sondern auch wärend der Geburt nach Smellie, Alix und Ludovici Zeugnissen
selbst verlängern und ausdehnen lassen, und eben
daher den Absichten der Natur gewäs zu wirken
scheinen; und daß, nach Weitbrechts Beobachtungen, in Kadavern die Beckenknochen durch
die Bemühungen der Natur allein, von einander entfernt gefunden worden sind: so erhellet aus
alle dem, daß wenn dies die Natur mit Vortheile gethan hat, noch mehr Vortheil durch die
Kunst und demnächst durch die Sigaultsche Operazion erwachsen müsse.

Es sei uns erlaubt, nur kürzlich noch einen
allgemeinen Blick auf den Kaiserschnit zu werffen,
um eine lebhafte Vorstellung von seiner Gefar, und
eine vortheilhafte Meinung von der neuen Operazion zu erhalten, die lange nicht so schmerzhaft
und tödlich als jener ist, und ihn zwar oft, aber
nicht durchgängig entbehrlich macht.   Einmal ist
die Wunde beim Kaiserschnite gros und fürchter-
lich, und mus es seyn; weil ein groser Theil der
Haut, der Muskeln, des Darmfelles, der Gebärmutter, bisweilen auch der Nachgeburt selbst, der
Länge nach durchschniten wird.   Zum andern fallen
die Gedärme unvermeidlich mehr oder weniger vor,
klem-

klemmen ſich wol gar zwiſchen den Rändern der
Wunde ein.   Dritens, ſtelt ſich nach der Operazion leicht ein Erbrechen ein, welches das Austreten
der Gedärme, und die Entzündung begünſtiget,
auch das ohnehin ſchwere Zuhalten der Wunde noch
mehr erſchweret.   Die Verblutung iſt ferner ſtark,
denn die vaſa epigaſtrica und vterina ſind beträcht-
liche Gefäſe, und werden bei dieſer Operazion durch-
ſchuiten.   Das Blut ergiest ſich, in die Unterhöhle
des Bauches, und beſchleuniget alſo die Eiterung
und den Brand in derſelben, welche den unver-
meidlichen Tod nach ſich ziehen.   Endlich wird
das Fieber und die Entzündung aller leidenden
Theile, vorzüglich aber der Gebärmutter und hernach der Gedärme heftig, und mit dem Anfange
ihrer Vereiterung rückt auch der Tod mit ſchnellen
Schritten herbei.   Man darf ſich dieſem zufolge
nicht wundern, daß der Kaiſerſchnit faſt niemals
ohne Aufopferung des Lebens der Mutter unternommen worden iſt, ſelbſt wenn die geſchickteſten Männer die Hand an das Werk geleget haben.   Vaug-
han und Cooper geben uns die neueſten Bekräf-
tigungen dieſer traurigen Warheit.

Wir fügen zum Schluſſe dieſer Abhandlung
noch das Operazionsmanuel ſelbſt hinzu.

Wenn

Wenn man zur Sigaultſchen Operazion ent-
ſchloſſen iſt: ſo bringe man die Gebärende in eben
diejenige Lage, welche bei der Wendung und Zan-
gengeburt erforderlich iſt, das iſt, ſie lege ſich ſo
am Rande des Bettes auf den Rücken, daß Bruſt
und Kopf ſich unterwärts neigen, und das Schwanzbein von allen Seiten frei ſei. Man vergeſſe dabei nicht, vorher der Gebärenden ein erweichendes
Klyſtier zu geben, und die Harnblaſe von ſelbſt,
oder vermitels der ſilbernen Röhre ausleeren zu laſſen; Camper bedient ſich zu dem Ende des männlichen Katheters, welcher bequemer und höher als
der weibliche angebracht werden kan. Die Gebärende ſpreiſe ſodann ihre Schenkel voneinander, damit der Wundarzt in der Schamgegend ſein Geſchäfte
ungehindert vornehmen möge. Sodann wird die
Haut, gerade oberhalb den Schamknorpeln in einer
Falte aufgehoben, und mit einem ſcharfen Biſturi,
nach Huntern mit einem Meſſerchen, das eine ſchma-
le und dünne Klinge hat, von oben nach unten, bis
an die Vereinigung der groſen Schamlefzen durchſchniten, doch mit der Vorſicht, daß die Klitoris
keinen Schaden dabei nehme. Das Meſſer dringt
ſodann auch durch das Fett und die Pyramidal-
muskeln. Sobald nun auch das Band, welches
vorne die Vereinigung der Schambeine deckt, und
befeſtiget, getrennt worden iſt: ligt der Knorpel
frei

frei da, den man nun behutsam und langsam von
oben nach unten durchschneiden mus, theils um die
Blase nicht zu verlezen, theils daß das Becken sich
algemach und nicht gewaltsam und schnell erweitere.
Solte man entdecken, daß dieser Knorpel sehr hart
und fest verknöchert wäre: so bediene man sich nach
Siebolds Anweisung einer kleinen scharfen Säge,
welche, wie das Bisturi eine stumpfe Spize haben
mus, und trenne ihn damit, mit oben empfolner
Behutsamkeit. Die Verblutung ist bei der ganzen
Operazion von keinem Belange; denn die arteria
coronaria peluis ist wol das beträchtlichste Ge=
fäs, welches durchschniten werden mus. — So=
bald die Trennung der Schambeine erfolgt ist:
müssen die Schenkel der Gebärenden algemach, da=
mit die Blase und Mutterscheide nicht zu viel
Schaden nehme, mehr und mehr auseinander ge=
spreiset werden, damit das Becken mehr Ausdeh=
nung und Raum gewinnen möge. Hierauf be=
mühe man sich das Kind nach Erfordernis der
Umstände entweder zuerst den Kopf mit Fin=
gern und Händen, oder mit der Zange zu holen;
oder aber, die Wendung zu machen. Ist dieses al=
les zu Ende gebracht worden: so bleibt nun noch
der Verband und die Heilung der Wunde übrig.
Man bringe in dieser Absicht die Kranke in eine

£ ordent=

ordentliche Lage auf das Bette; fülle den Raum
zwischen den getrenten Schambeinen mit Schar;
pien aus, damit die Blase gehindert werde, zwi;
schen sie hineinzutreten und dadurch Schaden zu
nehmen; bringe die Schenkel wieder näher anein;
ander; lege eine Binde um das Becken, und den
Unterleib, doch nicht feste, damit die Gebärmutter
und die izt besonders empfindlichen Gedärme des
Unterleibes nicht zu sehr gedrückt werden; lasse die
Kranke so viel als möglich ist, ruhig liegen, um
die Erzeugung des callus zwischen dem getrenten
Knorpel zu beschleunigen.   Siebold lies den Un;
terleib mit lauwarmem Rosenöle schmieren und feuch;
te, warme Umschläge von erweichenden Kräutern
und Hollunderblühten auf denselben legen.   Man
gebe auch ein erweichendes Klystier, innerlich anti;
phlogistische Mitel und wenn die ersten Wege rein
und frei sind, so bald als möglich nach der
Operazion, vorzüglich Opium in etwas stärkern
als gewöhnlichen Dosen.   Den Taglöhnern unserer
Kunst, denen hier der reichliche Gebrauch des Mohn;
saftes nicht zu Herzen gehen wil, empfehlen wir
mit geringen Dosen anzufangen, und bei jeder et;
was zu steigen, bis endlich die Umstände und die
guten Wirkungen Stillstand gebieten.   Die Na;
tur wird der Kunst in der ganzen Kur auf das
Beste zu Hilfe kommen, und die Pazientin in
                                                        einigen

einigen Monaten, wenn alles ordentlich geht, im Stande seyn, ihren Geschäften nachzugehen. Marg. Markard ward von Hr. Dokt. Siebold nach 52. Tagen geheilt. —

Schriften,

in denen man mehrere und weitläufigere Nachrichten von der Sigaultschen Operazion finden wird.

Dr. *Camper*, epistola ad Dau. *van Gesscher*, de emolumentis sectionis synchondroseos ossium pubis in partu difficili. Dieser Brief ist angehängt an seine dissert. de emolumentis et optima methodo insitionis variolarum. 8. Groeningae, 1774.

Recit, de ce qui s'est passé à la faculté de Paris au sujet de la dissection de symphise de l'os pubis. 4. à Paris, 1776.

Ripping, dissert. sistens quasdam de pelui animaduersiones. 4. Lugduni Batav. 1776.

Schmidt,

Schmidt, differt. de nuper propofita fe-
ctioṇe fynchondrofeos offium pubis. 4. Gief-
fae, 1777.

Jean René *Sigault* (Docteur regent de la
faculté de medecine de Paris) difcours fur
les avantages de la fection de la fymphife.
8. à Paris. 1778.

Ebendeſſelben: Analyfe de trois procès-verbaux faits à l'occafion de l'operation de la
fymphife fur la femme Vespres, avec des
reflexions fur ces procès-verbaux et fur cette operation. 8. à Paris 1778.

Verteutſcht: In der Samlung der auserle-
fenſten und neueſten Abhandlungen für Wundärzte,
welche in Leipzig von 1779. an in 8. heraus-
komt 1. und 3. Stück.

Dr. Brinkmann, Bemerkung über die neu-
erlich vorgeſchlagene und an einer Kreifenden ver-
richtete Operazion der Durchſchneidung der Symphiſe der Schaambeine. 8. Düſſeldorf, 1778.

Dr. *Guerard*, expofé du cas, pour lequel
la fection de la fymphife des os pubis fut fai-
te

te à Duſſeldorf, et des ſuites de cette operation, avec quelques reflexions à ce ſujet.
à Duſſeldorf, 8. 1778.

Mr. *Bonnard*, im Journal de medecine,
chirurgie, pharmacie etc. tome 49. année
1778. Mai. à Paris. 1778. 8.

Mr. *Retz*, obſervations intereſſantes en fa-
veur de la ſection de la ſymphiſe du pubis;
ouvrage, dont le but eſt, de repondre à un
memoire des medecins et chirurgiens d'Arras,
intitulé: examen des faits relatifs à cette
operation etc. qui a été diſtribué le 23. Mai,
et de ſervir de ſuite aux recherches hiſtori-
ques et pratiques ſur la même matiere de
Mons. *le Roi*. à Paris, 1778. 8.

Dr. *Loder*, diſſert. de ſynchondroſeos oſſium pubis ſectione in partu difficili inſtituen-
da. 4. Goettingae, 1778.

Mr. *Piet*, reflexion ſur la ſection de la ſymphiſe du pubis. à Paris 1778. 8. Verteutſcht:
Im erſten Stücke der Samlung der auserleſenſten
und neueſten Abhandlungen für Wundärzte.

Dr.

Dr. *Bamps*, tractatus, de anteponenda fectione caefarea fectioni fynchondrofeos ossium pubis. Parifiis et Genevae. 1778. 8. Ver: teutſcht: Jn gedachter Samlung.

Oswald, Sendſchreiben an Hr. Dr. Aeplin, über die Operazion der Symphiſe. Schafhauſen, 8. 1778.

Scheyring, differt. de fectione fynchondrofeos ossium pubis. Friburgi Brifg. 4. 1778.

Mr. *le Roi*, recherches fur la fection de fymphiſe de l'os pubis. à Paris, 4. 1778. Verteutſcht: Jn obiger Samlung.

Leibarzt Richter, chirurgiſche Bibliothek. 4. und 5. Band. 8. Göttingen.

Archiat. *Jaeger* refp. *Wagenmann*, differt. an in fummo incuneationis capitis gradu praeferenda fit methodus noua Sigaultiana, hactenus vfitatae perforationi capitis vel et fectioni caefareae. Tubingae, 4. 1779,

Bentely, differt. de fectione fynchondrofeos ossium pubis. Argentorati, 4. 1779.

Dr.

Dr. C. C. *Siebold*, reſp. *Weidmann*, diſſert. et comparatio inter ſectionem caeſaream et ſectionem cartilaginis & ligamentorum pubis in partu ob peluis anguſtiam impoſſibili, ſuſcipiendam. Wirceburgi, 4. 1779. c. tab. aen.

Dr. *Sandifort*, obſeruationum anatomico-pathologicarum, liber III. Lugduni Batav. 4. 1779.

Dr. Will. *Hunter*, Bemerkungen, über die bei ſchweren Geburten empfohlne Zertheilung der Schambeine. Aus dem Engliſchen. — nebſt

Dr. *Jumelin*, Abhandlung über eben dieſe Materie. Aus dem Franzöſiſchen in *Rozier* journal de phyſique. Septembre 1778. Ueberſezt, Leipzig, 8. 1779.

Seances, publiques de l'Academie Royale de Chirurgie, où l'on traite de diverſes matieres intereſſantes et particulierement de la ſection de la ſymphiſe des os pubis. à Paris. 4. 1779.

Dr. Leppentin, Anmerkungen über die künſtliche Trennung der Schaambeine bei ſchweren Geburten. Hamburg, 8. 1779.

Dr.

Dr. Fauſt, Unterſuchung des Werths der Trennung der Schosbeine bei ſchweren Geburten. Go-
tha, 8. 1780.

Archiat. *Jaeger* reſp. *Irion*, diſſert. ſiſtens
examen rationum ſectiones oſſium pubis op-
pugnantium vel limitantium. Tubingae, 4.
1780.

J. G. *Walter*, de diſſectione ſynchondroſeos oſſium pubis, in partu difficili. c. tab.
aen. Berolini, 4. 1782.

Ebendeſſelben, Abhandlung, von Spaltung der
Schambeine in ſchweren Geburten. Mit Kupf.
Berlin und Stralſund, 4. 1782.